麻辣心理學

你是不是變態？

作者一姚堯

願各式各樣的靈魂，
都有被理解的機會，
並找到生命出口。

數字｜自閉症患者的畫

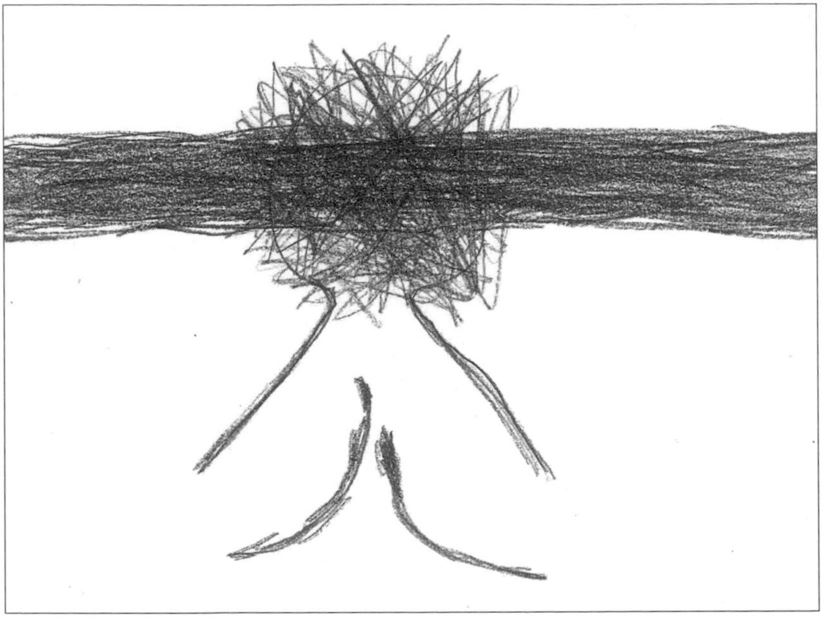

洞穿｜自閉症患者的畫

美人｜自閉症患者的畫

自畫像｜自閉症患者的畫

花｜自閉症患者的畫

牙齒＆傷口｜自閉症患者的畫

船｜自閉症患者的畫

CONTENTS

C O N T E N T S

CONTENTS

CONTENTS

第1篇

被憂鬱精附體的那些年——憂鬱症

曠野無人。生命中的每一分、每一秒都成折磨。

我的體液彷彿被抽乾，連眼淚都成了奢侈品……

我曾以為放聲大哭是人生最悲慘的狀況，

後來發現，眼淚流乾後的無所適從，才是更深刻的絕望。

Sunday is gloomy　絕望的星期天
My hours are slumberless　我的時間在沉睡
Dearest, the shadows I live with are numberless　親愛的，我生活在無數暗影中
Little white flowers will never awaken you　白色的小花將不再能喚醒你
Not where the black coach of sorrow has taken you　黑色的悲傷轎車（靈車）上載著你
……　……
Death is no dream　死亡不是夢
For in death caressing you　因為我在死亡中愛撫著你
With the last breath of my soul I'll be blessing you　在我靈魂最後的呼吸中我祝福你
Gloomy Sunday……　絕望的星期天……

這是匈牙利作曲家萊索•瑟雷斯（Rezsô Seress）寫的——〈黑色星期天〉。據說，這是他和女友分手後，在極度悲慟的心情下創作出來的，所以曲子中流露出懾人魂魄的絕望。很多人在聽了它以後選擇結束自己的生命，因此這首曲子被稱為「匈牙利自殺之歌」。

當我每次聽到由莎拉•布萊曼（Sarah Brightman）演唱的的版本，聽到她輕輕地吟唱：「Sunday is gloomy……」我就會忍不住地聯想，這簡直是為憂鬱症患者而歌，是憂鬱症的輓歌。

因為它表達出的內容是如此契合憂鬱、絕望、壓抑、死亡……一個人僅在悲慟的情緒下，就寫出這樣的曲子，悲慟的「毒性」有多大？而憂鬱症可不光是悲慟這麼簡單。

我曾經看過《曠野無人》，作者李蘭妮與憂鬱症纏鬥了五年，期間幾敗幾勝，幾度寫作，幾度停頓，終於完成關於憂鬱症自我療救的紀錄。我印象最深的是書名，因為這四個字準確地描繪出憂鬱症病人的內心世界：常常感覺身邊空無一人，只有內心的痛苦充斥天地；即使身處鬧市，但無人能聽你傾訴；高樓林立，卻更像毫無生機的荒漠。

我們都生活在車水馬龍的當代社會，很少有人會真的感到孑然一身、孤立無援，而憂鬱症卻有這種將你「大隱隱於市」的魔力。

想真的瞭解憂鬱症，故事得從三個不幸的人說起……

一、憂鬱的症狀

受害者甲

最近幾年，我飽受憂鬱症復發之苦，每次都差不多持續六個月，這多少跟季節有關，四月通常是最糟糕的時候。最嚴重的一次在去年，我工作遇到巨大的變化，新來的部門總監把我調到沒有任何前途可言的位子，我被迫離職；一個很好的朋友因為誤會跟我鬧翻；我打算停止服用百憂解一個月，因為感覺自己漸漸上癮。

隨後我退掉了先前租的房子，想搬到更便宜的地方去，但我就是無法完成搬家這件事。我瞬間崩潰，焦慮把我瓦解。早上三、四點就被一陣陣強烈的恐慌感驚醒，那緊張的感覺讓我恨不得從六樓窗戶跳出去，也許那樣還舒服點兒。

和別人在一起的時候，我總覺得自己會因為壓力過大而昏過去。三個月前，我還能好端端地去上班，而現在，世界已離我而去。

它真正來襲是在我退了房子兩個星期後，我發現自己迫切需要搬家，但是卻出不了門。我感覺人們都欺騙我，我就像隻負傷的動物，完全崩潰了，幾乎一整天不吃任何東西。我一副精神分裂的緊張模樣，就像受到巨大驚嚇，讓我看起來舉止怪異。我的記憶力短暫喪失，後來更糟，我無法控制地腹瀉，甚至失禁。我好像活在恐怖的地獄裡，無法離開這間房子半步。

憂鬱精附體後的樣子：

掃興

掃興，就是把「興趣」都掃光了，但這裡的「興趣」卻不僅指我們生活中的愛好，諸如打球、唱歌、旅遊之類那麼簡單，它包括了所有。患者對自己生活中的一切事物和活動，都喪失興趣：不想洗臉、不想起床、不想說話、不想……什麼都不想。

甲明明已經退了房子，需要搬到別的住處，但發病時，他連執行這件事情的動力都不見了，「我發現自己迫切需要搬家，但是卻出不了門……」。

食欲紊亂

多數憂鬱症患者食欲都不好，體重也會下降。比如上面的當事人，「我完全崩潰了，幾乎一整天不吃任何東西」。但是少數患者會吃得更多，使體重增加。無論體重是減少還是增加，每一次被「憂鬱精」附體時，都容易出現同樣的變化。

睡眠失調

失眠是憂鬱症極為常見的表現。醒得過早，然後又難以入睡。如甲的表現，「早上三、四點我就被一陣陣強烈的恐慌感驚醒，那緊張的感覺讓我恨不得從六樓的窗戶跳出去」。憂鬱症患者也會難以入睡，或者在夜間不斷醒來。和飲食一樣，有的憂鬱症患者睡眠不減反增，有時每天會睡上十五個小時，甚至更多。

受害者乙

憂鬱症曾侵襲我、占據我、吞噬我，就像藤蔓糾纏著橡樹，就像吸血鬼附在我的身上，醜惡地汲取我生命的活力，充實它自己的生命。在患重度憂鬱症最糟糕的那段日子裡，我發現有些惡劣的情緒並不屬於自己，而是憂鬱症的情緒，就像纏滿了爬藤的樹。當我試圖解脫時，卻覺得靈魂的翅膀被折斷，無處可去。日復一日的日出日落，變得沒有任何意義。

我被一種力量壓迫和控制，彷彿陷入沼澤，最開始是腳踝不能移動，接著膝蓋也被埋沒，然後彎了腰，縮了肩膀，最後我如胎兒般蜷縮，就這樣一步步被榨乾、壓垮。憂鬱的魔爪步步緊逼，摧毀我的意志，粉碎我的勇氣，擊垮我的身體，直到最後一刻，它仍不停地啃噬我，甚至讓我虛弱到無法呼吸。

那時候，我認為憂鬱永遠不能根除，只希望一了百了，但我的能量被它榨乾，甚至喪失自殺的勇氣，而它也不具備殺死我的力量。沒有人看過我被這東西撕裂的慘狀。我躲在黑暗的房裡，蜷縮在床的一角，向我不太信任的各路神仙祈禱，求他們能讓我獲得解脫。

當時我願意接受最痛苦的死法，卻渾渾噩噩到連自殺的念頭都沒有。生命中的每一分、每一秒都成折磨。我的體液彷彿被抽乾，連眼淚都成了奢侈品。我曾以為放聲大哭是人生最悲慘的狀況，後來發現，眼淚流乾後的無所適從，才是更深刻的絕望。

憂鬱精附體後的樣子：

悲傷

悲傷和「心情不好」不是一家的。當提到憂鬱症時，很多人的反應是：哦，那傢伙心情太不好了。其實不是，我們每個人都有心情不好的時候，可以大哭一場，或是睡一覺，心情自然就恢復。每次「心情不好」過後，人們都會有大病初癒的輕鬆感，而憂鬱過後，卻只能用「劫後餘生」來形容，滿地狼藉，心有餘悸。從另一個角度說，憂鬱的悲傷其實是一種不幸感，輕度的憂鬱症患者可能會哭泣，而重度的憂鬱症患者卻常常連哭都哭不出來。他們不相信自己或別人能夠幫助自己，徹底感到無助與絕望。

如上面當事人所說：「我曾以為放聲大哭是人生最悲慘的狀況，後來發現，眼淚流乾後的無所適從，才是更加深刻的絕望。」

僵硬或者亢奮

如當事人的表現：「我被一種力量壓迫和控制，彷彿陷入沼澤，最開始是腳踝不能移動，接著膝蓋也被埋沒，然後彎了腰，縮了肩膀，最後我如胎兒般蜷縮，就這樣一步步被榨乾、壓垮。」許多憂鬱症患者的行為遲緩，或者彷彿處於催眠狀態，停留在某個位置一動不動。生活中，由於他們對危險做出的反應太遲鈍，發生事故的次數也隨之增加。

與僵硬正好相反的是，一些憂鬱症患者又表現出過度的活躍，比如不停擺弄雙手、拍打雙腳、前仰後合、踱步，像嗑了藥一般，儘管他們做這些舉動時沒有任何目的。

受害者丙

我從未放棄與強烈的自殺想法鬥爭。我常想到自殺，在最憂鬱的時候，這個念頭總是揮之不去，但它只留存於心中，蒙著虛幻的面紗，就像小孩想像自己年老時一樣。我意識到自己的狀況惡化，因為我想像自殺的方法愈來愈多，也愈來愈粗暴。

我的想像讓我忽略了櫃子裡的安眠藥，反而思量著該用刮鬍刀的刀片割手腕好，還是用美工刀比較好。我曾測試過一枝樹枝是否堅實，以便用來掛繩索。我還考慮到時機問題，什麼時候我一個人在家，什麼時候可以順利地把事情搞定。在這種心情下開車，有時我會直接想到懸崖，但又考慮到安全氣囊和可能傷害別人而作罷。對我來說，這些方法都太麻煩了。

憂鬱精附體後的樣子：

念死

當事人丙一直對死亡「念念不忘」。憂鬱症患者會不斷湧現關於死亡和自殺的念頭，而且發病時，他們往往無法集中注意力並做出任何決定，感覺自己的大腦被減速，已經磨損到報廢的程度。如果真的死掉了也許不算太糟，關鍵是多數重度憂鬱症患者都活在垂死的邊緣，處於臨界線狀態，這是非常恐怖的。真正掉進深淵也就無所謂了，麻煩的是，你總覺得自己離危險還有一步之遙，而此刻只能無休止地煎熬，活在黑暗、未知和無法控制的恐懼之中。

「曠野」中的安德魯

見過身患憂鬱症而痛苦不堪的人之後，有些人不禁要問：於千萬人之中，人山人海裡，沒早一步也沒晚一步，怎麼就讓他得病了呢？

想解釋這個問題並不難，但前提是我們必須先好好瞭解憂鬱症的來龍去脈。我選了一個人的案例：《正午惡魔》(*The Noonday Demon*) 的作者安德魯 • 所羅門 (Andrew Solomon)——不僅是暢銷書作家，更是三度飽受重度憂鬱症折磨的患者，在這裡我稱他為安德魯。我們以時間軸的順序來看看他的故事：

童年

安德魯的童年幾乎挑不出什麼毛病，他的父母很疼愛他和弟弟，並且兄弟倆相處融洽。雖然父母有時也會為小事情爭吵，但是他們從未懷疑過對彼此的愛和對孩子的全心付出。安德魯的家境小康，生活沒有太大的負擔。

關於孩提時代，安德魯絕大多數的記憶都是快樂的。只是六歲時發生在夏令營裡的一幕，讓他至今想來歷歷在目。

那時他跟一群朋友坐在大樹底下聽故事，突然間，一種大難臨頭的預感襲捲了他，讓他無法動彈。彷彿只要他一動，可怕的事情就會馬上發生，無法逃脫。在這之前，安德魯一直覺得生命有一個堅硬的外殼，而此刻，他站在外殼上面，突然間覺得外殼變得很脆弱，自己開始向下陷落。如果他保持不動也許還沒事，但只要稍動一下就會陷入危險。他向左、向右，或是向前走，似乎都成了異常重要的抉擇，當時他不知道哪個方向才能拯救他。幸好，一位老師走了過來，要他快一點兒，否則就趕不上游泳課，那種恐懼感才被化解。有好長一段時間，他都無法忘記這種感覺，並希望它別再回來。

少年

中學時，安德魯不是很出鋒頭，不過也交了一些朋友，參加各種聚會和活動令他非常開心，在校成績一直不錯。

但是從這時起，安德魯開始對性感到迷惑，覺得自己隨時能為之喪失理智。因此他總是缺乏安全感，在相當長的一段時間裡，他與異性和同性都刻意保持距離。他會沒來由地突然陷入極大的不安中，這種不安師出無名，混合著悲傷與恐懼。他面對的方式就是強顏歡笑，假裝與人親近，彷彿這樣做可以轉移注意力。由於他儘量偽裝成隨和的人，和諧的人際關係掩蓋了他的問題。

成年

成年後的安德魯有著和其他年輕人一樣的勇氣和熱情，周遊世界（雖然途中曾經因為無法控制的情緒問題放棄了幾次），完成碩士學業。他留長髮又剪掉，參加搖滾樂團，去一個又一個地方表演；墜入情網，打算建立美滿的家庭。古怪的情緒問題看似離他遠去，直到二十五歲那年，一個轉折性事件，徹底改變了他的命運軌跡——他的母親被確診為卵巢癌。接下來，憂鬱症大舉侵襲他，而且一次比一次凶險。

第一次崩潰

在被確診為癌症兩年後，安德魯的母親去世。

安德魯陷入長久的巨大悲痛中，隨後開始向身邊的人抱怨，對生活失去了感覺，對所有人際關係感到麻木。他不在乎愛，不在乎工作，不在乎家庭，什麼都不在乎。他的寫作速度開始下降，直至停頓。他發現除了糾纏不休的焦慮感外，所有強烈的情緒都沒有了。

安德魯之前是個生命力旺盛的人，但是現在他不再渴望身體與心靈的親密接觸。周圍的人，哪怕是他認識或者愛的人，都不能引起他的關注。即使在聲色場所裡，他也常常神遊天外。每次參加派對，他都試著讓自己玩得高興，但均以失敗告終。他買了夢寐以求的昂貴商品，卻沒有絲毫滿足感。

電話機裡的留言讓他喘不過氣來，他把朋友的電話當成嚴重的負擔。他害怕開車，每當晚上開車時就看不清路，老覺得自己偏離車道，馬上要撞上另一輛車。在高速公路上，他常常突然發覺自己手腳失控，不知道怎麼開車，只好在一陣慌亂中將車子停靠路邊，嚇得一身冷汗……

這個時候他的心理醫生對他的診斷結果是：憂鬱症！

第二次崩潰

母親去世三年後，安德魯經過治療，病情暫時得到控制，他與一位美麗而有魅力的女人相戀。他們在一起的時光非常美好，但好景不長，當彼此的性格缺點充分暴露以後，這段關係開始變得不穩定。後來，這個女人懷孕了，但隨後墮胎，讓安德魯有種巨大的挫敗感，兩個人因此發生激烈衝突，最後決定分手。隨後，他再次陷入無法自拔的悲傷深淵中……

那時，他的第一本小說已經在英國出版，雖然好評如潮，他卻覺得索然無味。出版社為他安排了巡迴演講，但他恨透了這個計畫。每場演講對他來說只有灰色的人影、灰色的背景和屋子裡黯淡的光線，每次他都滿頭大汗，只想趕快逃離。

某場演講結束回家後，安德魯的情況惡化到了極致，他靜靜地躺著，想著該說什麼，該做什麼卻什麼都做不了。他想打電話給出版社取消演講卻發不出聲音。他開始哭泣卻沒有眼淚，只是斷斷續續地嗚咽。一種像突然被絆倒或滑倒，手還來不及做出任何反應，臉就要撞向地面的恐懼感，迎面襲來。安德魯徹底淪陷了，他感覺自己的視野愈來愈窄，周圍的物體都變得模糊。最後，他像變成瞎子一樣，被黑暗徹底籠罩；又好像變成聾子，能聽見的聲音愈來愈弱，最後被駭人的寂靜吞噬。那種感覺像身上的衣服都變成「木板」，他的手肘、膝蓋愈來愈僵硬，愈來愈重，「木板」將他緊緊束縛住，令他的身體萎縮，最後將他整個人摧毀……

兩天後，安德魯的父親在安德魯的住處，發現倒在地上滴水未進的他，隨後將他送往醫院。

第三次崩潰

一場突如其來的腎結石發作，又打破了安德魯平穩的病情。

那天晚上在醫院的急診室裡，腎結石的疼痛讓他難以忍受，他坐著等待的每一秒都是痛苦的煎熬，那種感覺就像有人把他的中樞神經浸泡到硫酸裡，一層一層腐蝕到神經的最深處。他幾次向護士求助，都沒人理他。身體病痛的折磨觸碰到安德魯的心理神經，腎結石治癒後，他的憂鬱症再次發作。

他整天四肢僵硬地躺在床上哭泣，甚至害怕洗澡，他也知道洗澡沒什麼可怕的。他在心裡重複著一連串動作：起床，然後把腳放在地上，站起來，走到浴室，打開浴室門，走到浴缸旁邊，打開水龍頭，站到水下，用肥皂抹身體，沖洗乾淨，擦乾，走回床邊。這些步驟對他來說，執行起來就像耶穌受難般痛苦。別人輕而易舉能做到的事，他卻舉步維艱。

他鼓足勇氣，用盡全身力氣坐起來，轉身，把腳放到地上，馬上又覺得萬念俱灰，想繼續回到床上，可是雙腳還在地上，無法動彈……幾個小時後，他的窘境被父親發現，幫他把腳舉起來放回床上。那個時候，洗澡的想法對他而言變得可笑而不真實。再次回到床上時，他稍稍鬆了口氣，覺得唯一安全的事就是躺在床上，同時心裡又覺得淒涼不已。

二、病因盒子

我們知道缺乏胰島素會引發糖尿病，因此治療糖尿病的方法，就是增加和穩定血液中的胰島素，這樣說來，糖尿病就是單一病因型疾病。可是對於憂鬱症的病因來說，顯然不是某個單一原因可以解釋的。到這裡，終於可以拿出我的寶物，透過它來看穿憂鬱症的病因。

物件一：心理病因

心理學的三大流派：行為學派、精神分析學派和人本心理學派，堪稱三國鼎立，除此之外還有認知學派、分析學派、完形學派等其他小「諸侯國」爭奇鬥豔。按照慣例，我還是分流派，說幾個有代表性的。

「行為主義」曾用「習慣性無助」來解釋人為什麼有社交恐懼，我用它來解釋「人為什麼憂鬱」。

何謂習慣性無助？來看以下實驗：

狗＋籠子（籠門關閉）＋電棍——→將狗放進籠子內，籠門緊閉，以電棍電擊牠。這時狗表現得特別「激動」，上竄下跳，東碰西撞，急於擺脫這種狀態，想找到出口逃離，但是無果，所以只能繼續做無謂的掙扎。

重複多次上述實驗內容，然後變化實驗內容。

狗＋籠子（籠門大開）＋電棍——→將狗放進籠子內，籠門大開，以電棍電擊牠。這時狗的表現依舊特別「激動」，但牠已不再上下跳、東碰西撞，即使明明知道籠門已經打開，也不逃跑，只是坐在籠子裡絕望地哀嚎到電擊消失。

習慣性無助，顧名思義，就是「習慣感到無助」。在第二次實驗中，狗明顯對環境感到不可控制，儘管有逃跑的機會，卻放棄努力，任電擊摧殘。這種低動機、被動、猶豫不決的表現，正是習慣性無助帶來的。

人的一生沒有完美無缺、一帆風順的，總是會遇到打擊和創傷。但這類事件如果頻繁出現或者長期存在，會使人對自己所處的環境感到無力控制與無助，從而不積極去控制局面。就像實驗中的狗一樣，電擊次數多，痛苦多，被困的時間久了，就喪失奮起反抗和改變局面的力量，任人宰割。這也是很多人在生活遭受重創以後，選擇信仰宗教的原因，因為「自己已經無法扭轉局面，只能靠神」。

許多憂鬱症患者身上都存在習慣性無助，他們相信自己無力左右周圍，因而變得消沉憂鬱。比如，失去母親的孩子可能認為生活中有許多層面是人力無法控制的，失去母親不僅意味著失去最親近的人，也意味著家庭動盪和破裂。如果父親無法照顧好孩子，孩子就會長期過著不安定的生活，導致他們相信人生的確非人力可以控制，這可以解釋為什麼童年喪親容易導致憂鬱。同樣，經常受丈夫毆打的婦女，可能逐漸認為自己對丈夫的毆打無能為力，也無法擺脫，罹患憂鬱症的比例較高。

在安德魯的案例中，我們不難看出他在三次憂鬱症發病前，都是遭遇了人生創傷：母親去世、失戀、生病。這接二連三的打擊造成他產生習得性無助，讓他更加憂鬱。

說完了行為主義的習慣性無助，接著來看「精神分析流派」的佛洛伊德（Sigmund Freud）的看法：

「我認為憂鬱就是一種轉向內心的憤怒。憂鬱的人其實都有無意識的憤怒和敵意，只不過他們自己不知道罷了。比如，他們很想對身邊的人大打出手，但是每個人的體內都藏著一套阻止人們表現出敵意的社會標準和價值觀念。憤怒向外走不通，就轉而奔向內心，人們便拿自己出氣。憂鬱其實是被『氣』出來的！」

下面我要說一下「認知主義」的看法。

先看下頁圖1-1：

你的電腦現在用的是哪一代處理器？認知主義認為人的心理其實和電腦一樣，也有一套處理系統——資訊加工系統！所謂一花一世界，遇到同樣一件事情，每個人對它的看法不同，心理活動就不同，做出的反應亦不相同。

認知主義認為人之所以憂鬱，是因為他們的「處理器」壞了！究其原因，是其中的「歸因風格」出了問題。

什麼是歸因風格呢？就是「事情好壞的原因」。先看下頁圖1-2：

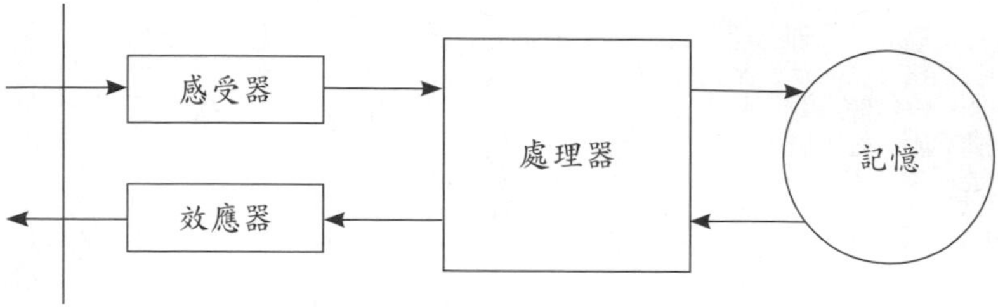

（圖 1-1）

	內控	外控
穩定性	能力	任務難度
不穩定性	努力	運氣

（圖 1-2）

看圖的縱列便可明白。內控就是與自身相關的原因，如個人能力、努力、興趣、態度等；而外控就是外部的環境因素，如任務的難度、外部的獎勵與懲罰、運氣等。

「內控」和「外控」可以劃分成兩類：穩定和不穩定。穩定即是可控的，如能力和任務難度；而不穩定則是相對而言不可控的，如努力和運氣。見圖中橫列。

當一個人成功的時候，他把成功的原因歸結為「內控——穩定性」，成就感是最強的，因為「內控——穩定性」的指向是「能力」。顯而易見，這種「我是天才，捨我其誰」的感覺。把成功的原因歸結為「內控——不穩定性」時，成就感次之，因為它指向的是「努力」，意味著成功是用「勤能補拙」換來的。接下來，當歸因為「外控——穩定性」的時候，成功就多少有些僥倖心理，因為這時的指向是「任務難度」。而成就感最低的是「外控——不穩定性」，這時成功與否好像真的純屬運氣問題了。

同樣的道理，當一個人把失敗的原因歸結為「內控——穩定性」的因素時，他的挫敗感最強，因「能力」包括某些與生俱來的潛質，並且是短時間內無法改變的。當歸因為「內控——不穩定性」的時候，挫敗感減弱，「大不了以後繼續努力就是了」。當歸因「外控——穩定性」和「外控——不穩定性」時，挫敗感再次遞減，這簡直就是為自己推卸責任的藉口，帶著濃重的阿Q精神。

而憂鬱症患者的歸因風格牢牢鎖定在兩個模式上：成功的時候歸因於「外控——不穩定性」（運氣），而失敗時則歸因於「內控——穩定性」（能力）。好的表現是因為運氣好，但犯了錯便是因為自己天生愚笨，不可饒恕，其心情憂鬱就可想而知了。

物件二：生理病因

直到現在，我還對很多年前一位輕度憂鬱症女患者談到的一個細節印象深刻，她說：「當我得知吃藥可以治療情緒憂鬱時（她剛結束了一段為之肝腸寸斷的感情），其實鬆了一口氣，因為我知道這是內分泌出了問題，就像感冒需要治療一樣，這不是我的錯，是生理作用。」

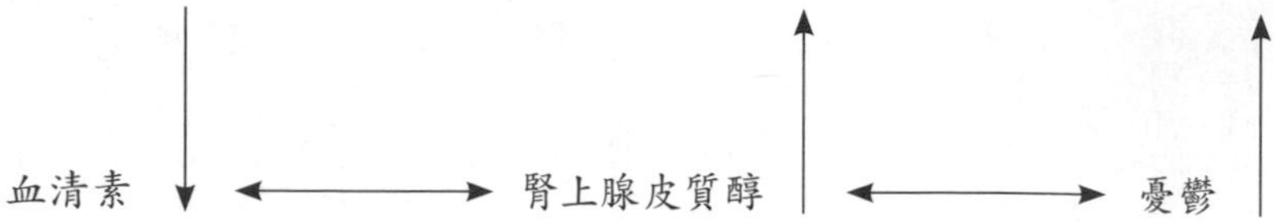

（圖1-3）

「生理作用」這個詞似乎減輕了人們為厭惡工作、懼怕衰老、失戀、痛恨他人所產生的惡劣情緒該負的責任，一旦和生理作用扯上關係，人們就可以欣然擺脫罪惡感。實際上，長期以來，科學研究也承認憂鬱症的發病確實與內分泌有關。

那麼，我就從「病因盒子」裡再拿出一件東西——生理病因。上圖1-3是內分泌與憂鬱的關係：

血清素減少，腎上腺皮質醇（一種壓力激素）增加，憂鬱加重，這三件事總是同時發生。我們不知道到底是因為血清素減少才憂鬱，還是因為憂鬱才導致血清素減少，就如同搞不清雞生蛋還是蛋生雞。

一般情況下，腎上腺皮質醇的分泌很規律，以二十四小時為週期，早上升高（使你能夠起床），然後在白天逐漸下降。而在憂鬱症患者體內，腎上腺皮質醇的分泌一整天都維持在很高的程度，因為使它降低的系統出了問題，這也是為什麼憂鬱症患者早上會感到驚恐，而且持續一整天的原因之一。（請參見受害者甲的案例）

一位從挪威回來的朋友曾對我說過一件有趣的事：在挪威的一個小鎮上，由於地理緯度高，日照時間短，加上常陰天或下雨，一年見不著幾天太陽，所以那裡的人很容易憂鬱。為了擺脫憂鬱，人們無限制地頻繁做愛，而且不存在道德和情感的束縛，做愛在那裡成了互相幫助。

這令我想起一種特別的憂鬱症——季節性憂鬱症。

季節性憂鬱症經常在特定的季節發作，其中以冬季居多。就好像很多動物挨不過寒冬一樣，憂鬱症也在漫長的寒冬裡牽絆住人們新生的腳步，很多人還沒有看到春天的花，就已經選擇在冬天悄無聲息地消逝。

而造成季節性憂鬱症的罪魁禍首就是褪黑素！我們都知道褪黑素是幫助睡眠的激素，市面上很多幫助睡眠的保健品主要成分就是褪黑素。褪黑素見光便分解，因此只在黑暗中產生，冬季陽光少，它的產生便增多。有研究發現，褪黑素增加會使人憂鬱。

現在再來看安德魯的案例，不知道大家有沒有注意到一個細節：一開始說到安德魯的童年過得很愉快，父母彼此相愛，並很疼愛他和弟弟，兄弟倆相處融洽，但是儘管如此，安德魯還是會有莫名的不適感，比如在大樹下聽故事時，他會有突如其來即將命喪於此的恐懼感。這裡其實就可以用生理病因來解釋：安德魯體內的激素分泌可能存在問題！

除了心理病因和生理病因的解釋以外，有很多人天生就是「憂鬱症坯子」。

鳳梨含有豐富的維生素B、維生素C，性味甘平，具有解暑止渴、消食止瀉之功效，是受人喜愛的夏令水果。但是對我而言，平生第一次吃就上吐下瀉不止，最後被送到醫院搶救，因為我有對鳳梨過敏的體質。

一日，我在家中用餐，面前擺著一個溫熱的饅頭，還未吃，就看見遠處悠悠飛來一隻蚊子，一頭扎上去，埋頭猛吸起來。這說明蚊子對溫度的偏愛，因為蚊子的觸角裡有一個受熱體，對溫度十分敏感，只要有一點溫度變化便能立即察覺；所以流汗多的人容易被蚊子叮，因為流汗的人肌體散熱快。

人都會對某樣事物敏感，而疾病也有偏愛的人群。什麼樣的人是憂鬱症的易感人群？這個問題的答案讓我想起梁靜茹的那首〈問〉：「只是女人，容易一往情深，總是為情所困，終於愈陷愈深……」

由於種種生理與外在的因素，女性得憂鬱症的機率是男性的兩倍，許多憂鬱症甚至為女性獨有——產後憂鬱、經前憂鬱和經期憂鬱。大約有一成生育過的女性曾陷入嚴重的產後憂鬱，剛當媽媽的女性很愛哭，時常焦慮、易怒，並對自己的孩子漠不關心。這有部分原因是生產耗盡了她們體內的動情激素，需要好一陣子才能恢復過來。生產是異常辛苦、疲憊的體驗，人們在完成任何艱辛的事情後，都會有輕微消沉的情緒。

研究發現，男性合成血清素的速度比女性快50％，使得男性的情緒復原能力遠遠高過女性。女性的血清素累積較慢，因而較難走出憂鬱。

男性不僅與女性的生理有差異，在社會力量和權力地位上也有明顯差別，女性比男性易得憂鬱症的又一原因是她們的權利常常被剝奪，世界由男性主宰，使女性活得更辛苦。同時，女性生理上的劣勢使得她們更難保護自己，她們體格較差，容易成為強暴的受害者，她們外表老化時容易失去社會地位。她們相較於男人，缺乏獨立自主的空間來發展自己，而要把感情和人生價值多半用來經營感情和家庭。儘管成功的女性可以有自己發展的空間，也依然在工作與家庭的平衡中疲於奔命。家庭婦女和職業婦女承受的壓力是一樣的，所以患憂鬱症的機率也幾乎相同。

曾有一條新聞叫「一隻憂鬱症袋鼠自殺全過程」，講的是澳洲的海灘上，一名遊客突然發現一隻憂鬱的袋鼠，看牠在海邊站立了好久，於是拿起相機拍攝，接下來發生讓人意想不到的事：這隻袋鼠向海裡慢慢走去，稍作猶豫，又義無反顧，愈走愈遠……直至被浪花吞沒。

如果這真是隻身患憂鬱症的袋鼠，那憂鬱精果真是造成人類死亡第二大病因的妖孽，禍害整個生物界。但是，萬物相生相剋，憂鬱當然有治療方法。

三、斬妖利器

（一）無敵「認知——行為」陣

它是認知主義和行為主義相結合的產物，所以叫作「認知——行為」療法。這個「陣」十分厲害，因為它既告訴你怎麼修好心理的「處理器」，又告訴你怎麼消滅「習得性無助」。

先來說說認知部分——怎麼修「處理器」的問題，總共分三步：

第一步，先意識到處理器是有問題的。

這對憂鬱症患者來說其實有些難度，因為他們許多思維是自動生成，超出了意識控制範圍，消極思維方式對他們來說是自然而然的。那怎麼辦呢？寫出來！這個時候治療師會給患者家庭作業，讓他們留意自己感到憂傷和憂鬱的時間，並及時將當時的想法記錄下來。下面舉一個例子：

日期	事件	情緒	自己的想法
4月4日	老闆似乎生氣了	悲傷、憂慮	唉，我做了什麼嗎？
		擔心	如果我老是讓他生氣，我會被開除的。

4月5日	丈夫不想和我親熱	難過	我太胖，不好看。
4月7日	老闆對另一名員工大喊大叫	擔心	下一個就輪到我。
4月9日	丈夫說他下個月要去很遠的地方出差	悲傷	他可能在那兒有了情人。
		挫敗感	我的婚姻要完蛋了。
4月10日	鄰居拿來一些糕點	有點兒開心，但主要還是難過	她可能認為我不會烹調，我看起來總是一團糟，而且她來的時候，家裡亂得一場糊塗。

事後這位患者表明，自己以前並沒有意識到，每次老闆對她略微動怒時，她都有將被解雇的絕望念頭。

這一招用在解決我們平日的情緒問題時也同樣有用：當你覺得心裡「不舒服」的時候，不妨拿筆將最近發生的事寫下來，根據線索找出引起你不舒服的原因，然後解決它。

第二步，既然承認了處理器是有問題的，那麼下一步就檢查一下問題出在哪兒。常見「故障」如下：

1. **極端**：認為事物非黑即白，如果表現不盡完美，那麼自己就是個徹頭徹尾的失敗者。
2. **過分的概括化**：一朝被蛇咬，十年怕草繩，將單一消極事件視為永久的失敗模式。「今天的事情搞砸了，這件事情我一輩子也做不好。」
3. **心理滲透**：抓住單一的消極細節不放，以致對整個現實的看法都變得消極，就像一顆老鼠屎壞了一鍋粥。
4. **拒絕「陽光」**：拒絕接受積極的體驗，找一些理由將這些體驗排除在外。「我就是不想開心，你拿我怎樣？」
5. **草率下結論**：即使沒有任何證據支持你的結論，也會對事件做出消極的解釋。
6. **猜測他人的心理**：武斷地認為某人對你有消極的反應，而又不願費心去查證。「這個人一定看不上我。」
7. **錯把自己當作算命先生**：總是預測情況會不妙，而且肯定自己的預測是已經存在的事實。「我早就覺得這件事不對了。」
8. **放大鏡錯覺**：把別人的成績或者自己的失誤誇張到大得不能再大的程度，把自己好的品質或者他人的缺點縮小到小得不能再小的程度，看別人怎麼看怎麼順眼，看自己怎麼看怎麼不舒服。
9. **情緒「柯南」**：擅長推理自己的情緒，假定自己的消極情緒反映了事物的真實情況。「我這樣覺得，那麼就肯定錯不了。」

10. **貼標籤**：不是就事論事，而是就人論事。如果自己犯了錯，不理錯誤的事情本身，而是先給自己貼上標籤：「我是個白癡，我是個失敗者。」如果旁人的失誤招惹到了自己，便從此在心裡記恨對方：「他是個渾蛋！」所謂殺敵一千，自損八百，不管什麼原因，當你恨一個人的同時，自己勢必也被憤怒的火焰灼傷。

第三步，修理故障的「處理器」。

這時，心理治療師會向患者提出一系列問題，幫助他們改變看待事物的視角。比如心理治療師會問：「你能證明你認為老闆生氣的想法正確嗎？難道就沒有其他的解釋？如果是真的，你會怎麼辦，你又能怎麼樣……」

這時，患者會根據問題對自己先前的想法進行反思，並試著從其他角度看待這些問題。

「老闆應該是感覺事業壓力大才發火，其實與我無關。」

「如果真是對我發火，那可能是我的工作有問題，我可以及時做出調整和改正。」

「就算炒我魷魚又怎樣呢？禍福相依，何況全天下又不只有這家公司。」

不知道有沒有人想過「習得性無助」是說人經歷了太多消極的事情，遭到了太多否定，然後變得無可奈何，即使在機會到來的情況下也不做任何努力。那麼，反過來可不可以這樣假設：如果讓人不斷經歷積極的事，得到積極的肯定，在以後大部分的生活中，他都能選擇樂觀地面

（圖 1-4）

對，即使偶爾挫折來襲也無所畏懼？

這個假設得到了一個人的認同——美國心理學家、新行為主義學習理論的創始人——斯金納 (B. F. Skinne)（圖1-4）。

斯金納有個非常著名的強化理論：不管好的壞的，只要讓我多強化幾次，什麼行為我都能控制！他認為行為之所以發生變化就是因為強化作用，因此對強化作用的控制就是對行為的控制。這樣來看，小時候父母和長輩教育我們的方式是很厲害的，他們跟我們說：「你吃完這些青菜，才可以吃零食」、「你寫完作業，才可以玩遊戲」，這完全就是強化理論中的「普墨克原則」：用人們喜歡做的事去強化人們做不喜歡做的事。

「認知——行為」療法的「行為」部分就用到了強化的理論。比如，一個人如果老是想著「我不能要求我需要的東西，因為對方可能會很生氣，那就太可怕了」，久而久之，他就不可能向他人提出要求，甚至合理的要求也不敢提。治療師這時會陪著患者制定練習，讓他反覆執行某一合理行為，並在大多數情況下得到積極的回饋，以此來糾正患者的錯誤觀念，改變他的行為。

通常情況下，「認知——行為」療法一出，60%～70%的憂鬱症患者，病情會得到有效緩解。接著再來說說另一療法——電陣。

（二）電陣

電陣實名為「電痙攣療法」，最早被用於治療精神分裂症。治療過程先將患者麻醉並注射肌肉鬆弛劑，這樣患者在抽搐的時候，肌肉才不會發生劇烈攣縮，然後在患者的頭上綁上金屬電極，讓70～130伏特的電流穿過患者的大腦，患者因此開始「抖個不停」，時間大概持續一分鐘。

電痙攣療法最常用於對藥物治療不敏感的患者，而且此類患者中50%～60%的症狀都會得到緩解。儘管非常見效，但是它同時也是最具爭議的治療方法之一。

首先，有報導稱電療被用於處罰難以駕馭的病人，在電影《飛越杜鵑窩》中就有這樣的場景。

其次，電痙攣療法會造成短時記憶混亂，也會影響長時記憶。

人的記憶分為三類：暫態記憶、短時記憶、長時記憶。

「暫態記憶」非常短暫，只能把感覺資訊保存極短的時間，大約〇·二五～二秒。比如，我們看電影時，螢幕上實際呈現的只是一幅幅靜止的圖像，但是當這些圖像連續播放，我們卻可以看到運動的畫面，這就是暫態記憶存在的結果。而「短時記憶」是暫態記憶和長時記憶的中間階段，保持時間大約為五秒～二分鐘，通常是一個陌生手機號碼在大腦中停留的時間。「長時記憶」則是一種永久性的儲存，它的保存時間從一分鐘到許多年，甚至終生。它大多是由短時記憶經過加工轉化而來的，也可能由於印象深刻而一次獲得。

電痙攣療法引起的記憶混亂通常都是暫時性的，但有些病人會喪失永久記憶力。曾有報導，一位女律師做了電痙攣療法之後，失去了所有在法律學校的記憶。她想不起任何學過的東西，也忘了自己上過什麼學校，以及認識的同學。這是少見很極端的例子，但還是發生過，算是比較不幸的。

除了「認知——行為」療法、電痙攣療法，還有藥物治療與人際療法等。憂鬱症的病因不是單一的，治療也需要多種手段綜合運用，才能將「憂鬱精」斬殺殆盡。

四、春天來了，但我卻看不見

我第一次聽到「躁鬱症」的名字是在很多年前的新聞裡：一位有躁鬱症的 IBM 員工因病無法工作而被公司辭退，接著他與 IBM 展開了一場曠日持久的官司。當時我不瞭解心理學，單從名字上看，我想像不出躁鬱症有多嚴重，以至於讓人無法正常工作。

如果你坐過雲霄飛車，體驗過加速、墜落和拋升，你就會明白，這種情緒上的雲霄飛車體驗便是躁鬱症了，時而憂鬱，時而躁狂。當躁狂開始的時候，無論做什麼都精力充沛，熱情高漲，為不斷湧現的想法亢奮不已，言談和思考的速度令周圍的人都跟不上節奏，大腦像遊戲開了外掛般急速旋轉。

歷史上很多名人，比如一些作曲家都患有躁鬱症，躁狂發作的時候，恰恰是他們創作的高峰……不知三叔的病是否對他的寫作也產生了一定的幫助？發作時，你會覺得自己正站在世界之巔，有前所未有的膨脹感和自負感，有的人甚至把自己當作拯救眾生的神靈，因此把所有積蓄捐給慈善機構……

但是好景不長，躁狂發作過後，躁鬱症患者又不得不拖著疲憊不堪的身體向另一個極端奔去：憂鬱。這時，他們的活力和熱情消失，言談、思考和行動變得遲緩，生活變得無趣。他們從世界之巔墜入無限黑暗深淵……

就這樣，憂鬱與躁狂相互交替、周而復始、永不停歇、沒有盡頭，這等痛苦非常人可以承受。

憂鬱症和躁鬱症對人們的生活產生災難性影響，但是人們對它的關注卻與它所帶來的後果極不相符。研究指出，發展中國家的人可能將憂鬱偽裝成「身體不適」，而不是真正表現出悲傷、無精打采以及對未來的絕望。面臨巨大生活壓力的人，往往有神經衰弱、慢性頭疼、懶洋洋、心悸等症狀，從而使身邊人忽略了問題的嚴重性。

詩人拜倫(George Gordon Byron)有次看見一位盲人身邊掛著一個牌子，寫道：「自幼失明，沿街乞討。」可是他手上的那個破盒子卻空空如也；於是，拜倫在他的牌子上寫了一句話：「春天來了，可是我卻看不見。」之後，過路之人紛紛解囊。

假如你是憂鬱症或者躁鬱症的患者，也需要一塊牌子，你又會希望別人在上面為你寫些什麼呢？

第2篇

恐怖的欲望——碎屍殺人狂

世上沒有無緣無故的愛，也沒有無緣無故的恨。

二〇一二年五月末，加拿大蒙特婁發生一起凶殺案。

犯罪嫌疑人 Luka Rocco Magnotta（以下簡稱為L）將大陸留學生林俊殺害後分屍，並將部分屍塊裝進郵包，寄給在加拿大首都渥太華的兩大政黨總部。

五月二十六日，據信記錄受害者被害場面的影片被嫌犯放到網路上，影片顯示凶手殺害、肢解、姦屍後吃掉部分屍身的過程……

很多朋友來問我，對這個案子怎麼看？我想大家這樣問，無非就是想知道兩件事：

1. 什麼使他變成這樣？
2. 他為什麼要這麼做？

同時，我也想在本書中解決第三件事：

3. 學會如何對此類案件進行心理層面的分析。

俗話說得好，巧婦難為無米之炊，我和大部分「圍觀群眾」一樣，對這個案件的瞭解程度僅限於網路上的隻言片語，還有記錄受害人被害場面的影片；但是我知道想瞭解食人魔的心理，只有去問另一個食人魔。

於是，我翻出了世界十大連環殺手之一，分屍、戀屍癖和食人魔的代言人——Jeffery Dahmer（以下簡稱為J）的「卷宗」。因為這兩起案件有著驚人的相似之處，所以讀J的「歷史」，有助於我們認識L。

J在十三年間殺害了十七名年輕男性，為滿足特別的性癖，他將受害者分屍，保存部分屍塊，最終吃掉。

但是接觸過J的人曾回憶道：「他所犯下的罪行非常可怕，你會想這只有瘋子或者十惡不赦的人才能做得出來，但當你跟他談話時，會發現他聰明、機靈、會開玩笑。你不會相信那些可怕的事情是他做出來的，打死我也猜不到他是殺人狂。」

認識L的人曾說：「他看來有點女性化，話不多，有點冷漠，但有時會笑。」

這兩個看起來無辜的人，如何成為令人毛骨悚然的殺手？我們從他們過往的點滴找尋答案。

一、魔人的條件

（一）扭曲的成長過程

J的童年

J來自典型的白人中產階級家庭，不愁吃穿，還受過教育。沒有證據顯示J在童年時期遭受過虐待或傷害，但是他的母親患有憂鬱症，她大部分時間都在睡覺，不參加家庭活動。J的父親是化學博士，非常聰明，但是非常忙碌，大部分時間都花在工作上。

父母關係不和，使幼小的J倍感孤獨、忽略，於是他將興趣轉向動物，但他對待動物的方式和其他孩子完全不同。

當他七、八歲大的時候，發現一隻腐爛的松鼠，屍體連著骨頭，他就把骨肉分開。他發現被車碾死的浣熊或狗，會把牠們的肚子用刀剖開，看看裡面是什麼東西。他在附近的村子遊蕩，尋找死去動物的屍體，增加他的收藏。

J對屍骨的幻想和渴望持續到了成年階段，最終把這種欲望從動物轉向了人。

L的童年

很少有人瞭解L的幼年生活，加拿大警方曾經分別找他的母親和妹妹，想瞭解一些情況，但她們都拒絕對L做出評論。有媒體描述他的童年「有不堪回首的經歷」，可是具體遭受過怎樣的虐待卻無從知曉。

分析1

如果讀過一些關於變態心理學方面的書籍，你會發現一個現象：很多心理疾病，比如戀童癖、精神分裂、物質成癮等，它們的起因幾乎都包含——患者在童年時期受過蹂躪、毒打、性侵，或受過一些不良的成人行為影響。由於死亡、離婚或者被遺棄而造成的家庭狀況，確實被公認為是形成犯罪的重要原因。

為了提供更多證明，這裡我們可以再舉一個例子——「綠河殺手」的童年經歷。

Gary Leon Ridgway（以下簡稱為G）曾在二十多年裡，將殺害的近五十名婦女（大部分是妓女）的屍體拋入位於美國西雅圖南郊的Green River中，因而得名「綠河殺手」。

G的母親在百貨公司兼職，打扮妖豔，穿著暴露，父親是鄉鎮的司機。G的童年和青少年時期都會尿床，每次他尿床後，母親都會帶他到浴缸裡清洗，包括清洗他的生殖器。有時在洗澡的過程中，母親的裹身浴巾會掉下來，裡面什麼都沒穿，G看到後就會勃起。對於他這個年齡的男孩來說，並不是很好的感覺。

大部分青少年時期的男孩在處理自己的性衝動時，都會經歷比較「危險」的時期。如果這時期母親的行為舉止過於性感和挑逗，會使不成熟的男孩感到心緒不寧，可能把自己的母親視為性幻想對象。這種情況對他們的人格發展是很不利的。

G有時會跟父親一起工作，父親會突然說：「你看見那個女人了嗎？她是個妓女，她是這個社會的垃圾！」父親會嚴厲地斥責妓女，談論她們是多麼骯髒醜惡，然後他就把G留在車裡，自己找妓女上床去了……

父母的做法對G造成了不良影響，令他對性、對人生都感到無比困惑。

再看J和L的童年：一位是被忽略或冷漠對待，一位據說有過不堪回首的經歷，恰好符合了變態罪犯童年經歷的特點。

除此之外，曾有研究指出變態連環殺手的三個特徵：

1. 小時候虐待動物。
2. 進行破壞性放火。
3. 尿床。

感興趣的讀者可以自己收集更多變態連環殺手案例，會發現更多他們童年的相似遭遇和共同點。

J的少年

當J十三、四歲有了性意識時，他跟一個鄰居男孩接吻了，他意識到自己被男孩子所吸引，同性性取向開始萌芽。因此，當時J的日子並不好過，他是被騷擾和虐待的不二人選，經常被揍。

進入高中後，J變得非常古怪，渴望被人關注，有人給他一點錢，他就在商場裡表演一系列叛逆、怪誕、離奇的舉動來吸引人注意。同時，他發現喝酒能減輕自己的痛苦、對性的迷惑以及對罪惡的幻想。

他的朋友還記得他對動物所做的恐怖實驗：釣魚時J把魚從湖裡拉出來，然後拿出折刀把魚切得粉碎。朋友問：「你這是幹嘛？」J回答：「我只是想知道牠被碎屍後的樣子。」

一個十幾歲的少年將他在童年時期對死亡動物的幻想，慢慢延伸到和死去或者昏過去的男人的性幻想。一次，當地報紙上報導一個年輕男子因摩托車事故喪生，J看到報紙上的男子照片就愛上了他，並去參加他的葬禮，只為一睹遺體的「芳容」。就在看到遺體的一瞬間，他有了性衝動，於是去廁所裡手淫。還有一次，他幻想殺死樹林裡的一位慢跑者，他想用球棒擊打他的頭部，以得到這個男人，幸虧那天慢跑者沒有出現。

後來，J的父母婚姻破裂，母親因為精神崩潰住進精神病院，父親離開家，只剩下他一個人終日與幻想為伴。那時，他對身邊的人、對這個世界完全失望了。

L的少年

L的舊友曾說：「他的生活過得並不如意，十六歲便因父母反對雙性戀取向而離家出走，其後當應召男妓時又慘遭輪姦。」還有人提到：「L有虐待動物的癖好，並在網路上傳過虐貓影片。」

分析2

佛洛伊德的「人格發展的心理性欲階段」根據原欲(Libido)將人的發展劃分為幾個時期：口腔期、肛門期、前生殖器期、潛伏期和青春期。

如果這幾個時期的心理能量能夠得到合理發洩，平穩度過，以後的日子基本上不會有太大問題。但是如果在某個時期心理能量的輸送被卡住，沒有得到發洩，那麼儘管生理繼續生長，但心理發展卻從此停滯不前。

一旦心理能量被堵住，得不到疏導，愈積愈多，日後勢必變成強大的扭曲力量，將以意想不到的方式噴發而出。

「少年不識愁滋味」並不代表「少年不遭愁滋味」。

看J和L的少年時期，有兩個共同點：性取向問題和虐待動物。

其實，性取向發生問題不是什麼大事，關鍵在於他們的另類性取向得不到周圍人的認同。大家都不支持，他們沒辦法直說，也沒辦法明做，少年體內蠢蠢欲動的性能量得不到釋放，堵在那裡輾轉反側，為日後的髮指行徑埋下隱患。

對J和L而言，他們在性欲得不到發洩，沒辦法滿足，就另尋其他管道——跟動物接觸。但是他們被壓抑的性能量，已經到了異常扭曲而強大的地步，遠不是愛撫動物的正常發洩方式可以滿足的，他們不得不升級到更激烈的方式：虐待！看到動物在痛苦尖叫與鮮血四濺中，身體變得支離破碎，他們內心才得到充分滿足。

J和L的性衝動和切割動物屍體，在某種程度上形成聯繫，少年時對動物的所作所為，最終在人類身上付諸實踐。

J曾跟身邊人說過他的幻想：他遇到一個攔車的人，這個人有著典型的美男子身材，窄腰、寬肩、挺拔的胸，沒穿上衣，體毛很少。他讓這個人上車，然後他們一起找樂子，還有各種性冒險。

他在十八歲時實現了這個幻想，一位名叫Steven Hicks（以下簡稱S）的十六歲少年出現在他的眼前。S是嚮往自由的年輕人，想搭順風車去夏季狂歡節。S搭上J的順風車，但J把S帶回家。他們喝了很多酒，還吸了毒，當S想離開的時候卻遭到阻攔。J希望S留下來，因為他很孤獨，還因為吸毒變得興奮。當J試圖阻止S離開時，遭到S反抗，他們開始扭打，J隨手抓起了啞鈴，朝S頭上砸去……他本沒想殺S，只是希望他留下，卻失手將他打死了。

J把S的屍體拖到地下室，將他的肉從骨頭上剝下，用大錘將骨頭敲碎，然後把碎骨和肉散落丟棄在樹叢裡。接下來的幾個禮拜，J一直關注報紙上是否有關於S失蹤的新聞，但是沒有任何人發現。然後他想：「沒事了，我殺了人但沒人知道，我是同性戀但是沒人知道。」從這一刻起，這些祕密成為他生活的一部分，並且折磨著他。

這就是J第一次殺人的經過，他下一次舉起屠刀是九年後的事，而且開始後就無法停止。

J進入大學後開始酗酒，他曾嘗試過正常生活，但是沒有成功，後來J因為酗酒被學校開除，從軍後又被軍隊開除，他沒有工作也沒有一技之長。同時為了抑制殺戮的欲望，他搬去和他的祖母一起住，並試圖從宗教中找到慰藉。他每個星期天都跟祖母一起去教堂，嘗試看《聖經》，沒有做過任何與同性戀有關的事情，努力要自己遠離同性戀圈子。他覺得事情發展得不錯：「宗教會成為我的救世主。」在這段時間裡，J暫時控制了欲望。

然而，這只是暴風雨前的寧靜。

一天，J正在圖書館裡看書，一個年輕男子走了過來，把一張皺巴巴的紙條扔在他面前，然後走開，紙條上寫著：「如果你想口交，到男廁所來。」

就像費力吹起的理想氣球被一針扎破，這種被「識破」的絕望和沮喪充斥了J的內心。後來法庭審訊時的一段錄音也證實了這個問題：

法官：你覺得那張紙條是催化劑嗎？

J：看起來是這樣的，那個時候所有努力都化為泡影。

法官：那對你意味著什麼？

J：有點像是隨便一個人扔來的挑戰，事情開始變得愈來愈糟。

儘管J當時並沒有做出任何回應，但這張紙條彷彿就是開啟潘朵拉魔盒的鑰匙，讓他重新回到罪惡之中。一開始，J混跡於當地的同性戀浴池，他把他的伴侶帶到小房間，然後給他們下藥。他是自私的愛人，在同性性愛中，他只想「攻」，拒絕「受」。對於J來說，性行為的意義是索取和掌控。

他給年輕同性戀男子下藥的事情傳了出去，很快就被當地的同性戀圈子驅逐了。他把勾引「獵物」的場所改在酒吧。J跟第二個受害人便是在某個酒吧相遇，隨後J將他帶到酒店，給他喝了下藥的酒，那人昏了過去。第二天早上醒來時，J發現身邊的人已經死了，臉上、胸口都有被毆打過的痕跡。J知道是自己殺了他，卻不記得怎麼發生的，他昨晚也喝多了。

這個人的死只是這場長達五年的殺戮的開始。接連殺死四個人之後，意外狀況發生了：第五個受害人逃跑了，他報了警，於是員警以猥褻男孩的罪名將J逮捕。在法庭上，員警對他手上的其他命案毫不知情，J只被判了十二個月的監禁。刑滿釋放後，他從祖母家搬了出來，因為他需要一個屬於自己的作案場所——一間公寓。在這裡，他充分滿足自己的幻想，對別人施展恐怖的性行為，這是一個死亡和毀滅的地方。

J給受害人喝了下藥的飲料，在他們昏迷的時候蹂躪他們的身體。他會俯下身來聽他們的心跳，當受害人的呼吸從深長變為短促時，他知道受害人快醒了，是時候殺死他們了。在受害人被肢解以後，J會將喜歡的屍塊保存在公寓裡好幾天。他和屍體睡覺，躺在屍體旁邊，膜拜屍體，為屍體照相。上班時，他會把屍體放在浴缸裡，用冰保存起來，放到週末。在週末，他可以有更多時間享受與這些屍體在一起的時光。他和屍體一起躺在浴缸裡，他說這樣就不用獨自洗冷水澡，也不會覺得寒冷……

J回憶道：「我真正喜歡的是死人，因為那樣我不需要與他們交談，也不需要面對他們的拒絕，我可以隨心所欲地擺布他們。」J最喜歡跟屍體做愛。他對屍體的興趣變得愈來愈狂熱，和受害人做愛，殺了他們，和他們的屍體做愛，和他們的內臟做愛，然後吃掉他們。

J在審訊中說：「我保留了心臟、大腿、胳膊、肱二頭肌和肝臟的肉，切成小塊洗乾淨，放到乾淨的塑膠袋裡，把它們放到冷藏室，之後我會烹飪它們，然後看著照下來的照片，進行手淫。」在J被捕前的一個月，他吃的唯一肉食就是人肉。

L殺害被害人時的現場影片在網上有流傳，善意提醒，心理承受能力超強的人才可以看。

分析3

既然文章一開頭就提到J是戀屍癖代言人，現在又反覆提到一個「關鍵性畫面」——姦屍，不如我們就先從「戀屍癖」談起。

二、迷戀死亡：戀屍癖

先談談「戀物癖」，它是人們對「非人類」甚至「非生命」物體產生性衝動並發生性行為。戀物癖一旦形成，所戀物品本身對患者來說才是真正的性對象！常見的對象有柔軟、皮毛質地、帶花邊的物品，比如蕾絲的女用內褲、長襪和吊帶襪；或者平坦、堅實的物品，比如高跟鞋、黑色手套。還有人戀枕頭、戀鉛筆、戀足，甚至戀汽車的排氣管。其意味就像歌德（Johann Wolfgang von Gorthr）的《浮士德》中所說：

把那天使的珍品弄點過來！
引我到她安息的所在！
從她胸脯上解下一條圍巾，
或是打動我愛情的一根襪帶！

有多少種物體就有多少種戀物癖，而戀屍癖則稱得上是其中之最了！和其他戀物癖一樣，戀屍癖需要具備兩個條件才能叫戀屍癖：

1. 能夠對屍體產生性衝動。

2. 能夠跟屍體發生性行為。

J和L的所作所為與上面的條件吻合。

但是戀屍癖並不是變態殺人狂的專利，在我們周圍的普通人身上也會發生。戀屍癖隸屬於戀物癖，我們可以透過戀屍癖的起因來瞭解更多J與L的犯罪原因。

戀屍癖的成因：

1. 對不恰當的性目標建立起條件反射。（J和L沒辦法很好地跟人建立正常關係，但渴望跟屍體有性接觸。）

2. 戀屍癖者內在道德觀缺失，無力承擔長期性關係所需承擔的責任，而去追尋短期的性滿足。（J頻繁地更換性伴侶，即受害者。）

3. 戀屍癖者有關性欲的思想扭曲，缺少令人滿足的正常性宣洩途徑，缺少對受害者痛苦的同情。（J和L的性取向得不到周圍人的認同。）

4. 戀屍癖者喜歡一切機械的、不能成長的東西，他們渴望把有機物改造成無機物，把一切生命過程、感覺和思維都變成物體。（J真正想要的是一個他可以完全掌控的同伴，無論活的還是死的，但是顯然屍體比活人更容易控制。）

5. 戀屍癖者基本上都是些感傷的人，他們只回味著昨日的感受或者曾經歷過的事，從未展望將來。這些戀屍癖者的感情是冷漠、疏遠的，他們的價值觀恰恰與正常人的價值觀相反，令他們激動和滿足的不是生存而是死亡！（J與L真正迷戀的是死亡的美學，以及受害者在他們眼中的美，這就是他們把屍體擺放成各種扭曲姿勢，並樂意向鏡頭展示的原因。）

相較於他們犯下的罪行，戀屍癖本身並不是無藥可救。我們既然提到了「戀屍癖是對不恰當的性目標建立起條件反射形成的」，那麼我們可不可以摧毀這個錯誤的條件反射，建立正確的呢？答案是肯定的。

1. 「強虜灰飛煙滅」法：當患者產生異常的性幻想（如對屍體、屍骨之類）時，用藥物對他們施加刺激，使他們能持續手淫四十五分鐘到兩個小時不間斷，如此導致「審美疲勞」，形成厭惡反射。然後，當患者對適當的性幻想對象進行手淫時，可以讓他們驕傲地大聲說出來，使他們透過這種合適的行為得到滿足感和認同感，形成正確的性條件反射。

2. 「意淫」法：患者先是被允許在錯誤的性幻想下進行手淫，到了緊要關頭，立即轉變性幻想對象，這樣他們即使想「剎車」也來不及了。經過反覆練習，患者可以更早開始正確的性幻想，並仍保持興奮狀態。

三、心理癌症：反社會人格障礙

電影《沉默的羔羊》中，安東尼・霍普金斯（Anthony Hopkins）成功地飾演了典型的反社會人格障礙患者，而主演了現實版《沉默的羔羊》的J和L又何嘗不是反社會人格障礙患者呢？

如果把憂鬱症和強迫症等認為是心理疾病中的「傷風感冒」，那麼人格障礙就當仁不讓地稱得上是心理疾病中的「癌症」了！像身體的癌症一樣，人格障礙這種心理癌症也有著漫長的潛伏和演變期，冰凍三尺非一日之寒，當它病發時，也和身體癌症一樣難以治癒和令人絕望。

反社會人格障礙的患者在兒童時期就會出現各種行為問題，比如，殘忍地對待動物、破壞公物、撒謊、違反規定等（就像J和L在童年所為）。

這些早期的問題往往被學校老師發現，逐漸引起員警或監護人注意，從而得到遏制和改善。如若不然，一旦兒童期的問題形成穩定的模式，就可能在成年後發展成反社會人格障礙。

隨著這些孩子體力、認知能力的發展和性成熟，情況往往惡化，撒謊、打架、偷竊等小問題會演變為搶劫、故意破壞、性侵等嚴重的問題。有些兒童甚至會很快養成極其危險的施虐人格。

我們就來說幾個體現在J身上的反社會人格障礙的典型表現：

（一）缺乏對他人的關愛

反社會人格者無視法律，反覆表現出騷擾他人、打架、破壞公物、竊盜等違法行為。「冷血」是對他們與他人互動最好的描述。為了獲得獎賞和快樂（如金錢、權力、社會資源、性等），反社會人格者會操控或欺騙他人。

（二）易衝動

這是反社會人格的另一個普遍特徵，行為表現缺乏計畫，更不會考慮後果。比如，有的反社會人格者進入加油站後，一時興起搶劫服務人員，即使他們並未想好如何撤退。就像J殺死第一個受害者S，事先也沒有詳細的計畫。

除此之外，他們常常不假思索地做出一些日常決定，完全不計後果。比如，一位反社會人格者不向妻兒做任何交代便離家出走好幾天。這樣做通常導致關係危機，並給工作帶來麻煩，因此他們常常更換工作、更換伴侶、變更住所。

（三）能言善辯、風度翩翩

有些反社會人格者在社交中表現得非常出色，他們很圓滑，充滿自信。通常在初次見面的時候給人留下很好的印象，以便日後能利用「新朋友」。很多人因反社會人格者表現出的魅力而上當，甚至員警、心理醫生等專業人員也曾被矇騙。事實上，這類反社會人格者通常也是行騙的高手。試想，若不是因為J外表英俊，舉止得當，又怎能一次次成功將受害人哄騙得手呢？

（四）對社會態度冷漠

反社會人格者對自己的行為毫無悔意，總為自己的罪行開脫，認為被害人「罪有應得」。反社會人格者的報復心強，極具攻擊性，所以他們比常人更容易死於殺人、意外事故等暴力方式。在J受審時，法官問：「你一點兒不受良心的譴責嗎？」J回答：「如果愧疚我就不會做了……」

反社會人格障礙導致了J和L等人的犯罪，那麼又是什麼導致了他們的反社會人格障礙呢？有兩種原因：生理和心理。

先來看生理成因。有研究表明，人的大腦中有負責抑制行為的系統，這種系統扮演的角色就是「心理煞車手」！當懲罰信號出現時，該系統會控制住人們正在進行的行為，以逃避懲罰。每個人都有這樣的心理煞車手，但是問題的關鍵在於，不同人的心理煞車手反應敏感程度不同。有的人的心理煞車手反應很靈敏，輕微的懲罰信號便會讓他們終止行為，比如踩踏草坪會被指責，便立刻掉頭往回走。但有的人的心理煞車手反應非常遲鈍，像反社會人格者，即使遭受天大的懲罰如「殺人償命」也無所畏懼，依舊我行我素。

講心理成因之前，我要先向大家介紹一個詞——「脫敏」，何為「脫敏」呢？就是擺脫敏感，擺脫能讓你情緒起伏的人或事，再說得直接一點，就是變得麻木，所用的方法是讓你不停地面

（圖2-1）

對這些刺激。

介紹完這個詞之後，我要向大家再介紹一個人——阿爾伯特・班杜拉（Albert Bandura)（圖2-1）。

班杜拉是美國當代著名心理學家，他對心理學的最大貢獻就是提出「社會學習理論」。簡單說明社會學習理論的部分內容：

還記得憂鬱症部分我們提到的「認知——行為」療法嗎？它是——認知主義和行為主義觀點融合的產物。原本這兩個學派是「井水不犯河水」，而班杜拉的觀點在兩個學派之間架起了一座橋梁。看看他是怎麼做的——交互決定觀（圖2-2）。

交互決定觀認為，個人、環境和行為三者之間是相互影響、相互作用的。假設你不喜歡的人請你一起打網球，你想像和這個人共度一下午會有多沉悶無趣，因此你可能拒

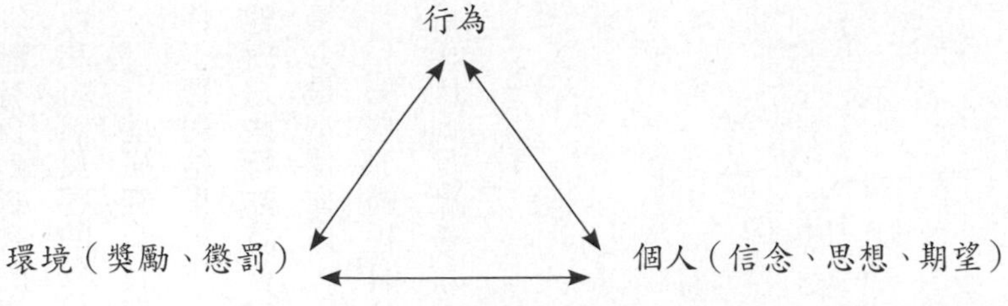

（圖2-2）

絕邀請。但是，如果這個人許諾，你和他一起打網球，就送你一副心儀已久的、昂貴的新球拍，情況又會怎樣？

轉眼間，環境誘因的強大力量改變了你的決定，於是你說：「好吧，我們一起玩。」繼續想，假設最後得到有史以來最讓你欣喜的一副球拍，你和這個人配合得還挺好的，使這個下午過得很有趣，你也許會期望再和他一起打網球。

在這個例子中，是行為改變了你的期望，而期望又影響你以後的行為，如此反覆。

除此之外，班杜拉還將學習分為「參與性學習」和「替代性學習」。所謂參與性學習就是親身參與，透過體驗而進行的學習，也就是在做中學；而替代性學習則是透過觀察別人而進行的學習，在過程中，學習者沒有實際參與。

人類的大部分學習都是替代性學習，它通常是透過觀察或聆聽下列資訊來源進行的：現實生活中親眼所見或親耳所聞，象徵性的或者非人類（比如廣播中說話的卡通人物或動物）的電子產品（電視、電腦）或印刷品（圖書、雜誌）。

替代性學習大大提高了學習的速度，同時還可以避免人們經歷有負面影響的事件，比如我們可以透過他人講述、看書以及看電影來瞭解火災、地震等事故和自然災害的危險性，而不必親身體驗恐怖的過程。

一些研究認為在反社會人格障礙患者身上觀察到的「無所畏懼」，可能是系統脫敏和替代性學習的結果。如果人長期面對暴力或其他反社會行為（如兒童期的虐待或幫派活動），那麼他對這些行為就會變得麻木。作為虐待和暴力的受害者，他們「學習」到（替代學習）虐待和暴力是掌握權力、控制他人、得到自己想要的東西的一種方式和途徑。

一些惡霸極有可能小時候是受虐者，由於感覺脫敏，原本被虐待的人變得對施虐沒有負罪感，因此反社會行為才會在他們身上重複出現。

四、十大殺人狂魔的行為特徵

至此，分析全部結束，我想文章一開始提出的第三個問題——讓大家「學會怎樣對此類案件進行心理層面的分析」已經解決。回到第一個問題：「什麼使他變成這樣？」回顧這一路來的分析，我們已經能夠得到很多答案：

1. L的童年可能遭受過虐待或者忽視。
2. L因為性取向的問題，在少年時受到過家人的排擠和周圍的人暴力對待。
3. 成年以後的L不得志，人際關係高度匱乏。
4. L患有戀屍癖和反社會人格障礙。

我也不禁產生疑問：「這世上太多人曾有過和L及J相似的遭遇，甚至更糟，但是為什麼他們沒有犯罪？」我想答案必須考慮——遺傳因素。

我們都知道正常男性的染色體是由XY構成，而正常女性的則是由XX構成。在對男性犯罪者的研究中發現，一些罪犯具有一個多餘的X染色體，即XXY。這類男性往往瘦高，乳房組織相對發達，臉部缺乏絨毛。還有一種男性染色體是XYY，即具有一個多餘的Y染色體。研究者發現XYY染色體的男性在國家監獄中的比例高於一般人口比例，這樣的男性往往容易暴力犯罪。

現在再來看J的案例，相信大家不會忽略一個細節：J的母親患有憂鬱症。這不僅會對J的撫養造成影響，在基因遺傳方面也存在一定的作用。雖然我們對L的家族中是否有精神病或者犯罪基因不得而知，但也不能排除這種可能性。

細數以上推論出的犯罪原因，說明在罪惡形成的道路上，有太多人不作為，或者做了錯誤的事。

以下是美國**FBI**列出的十大殺人狂魔行為特徵，你可以數數自己直接或間接符合了幾項？

1. 他們大多是單身。
2. 絕大部分犯罪者都有高於常人的智商。
3. 無法維持穩定的工作。
4. 來自破碎或者不健康的家庭。
5. 有遺傳性的精神疾病、暴力傾向、毒品、酗酒的問題。
6. 被虐待長大。
7. 對於權威人士，特別是男性的權威人士有著某種心靈上的障礙。
8. 年幼時就顯現出許多精神上的疾病，有些則是有明顯的暴力傾向或犯罪傾向。
9. 抱著反社會、反人類、反全世界的理念生活著。
10. 對於特定的暴力性行為或變態性幻想格外著迷，特別是戀物癖和窺陰癖。

至於文章開頭的第二個問題：「他為什麼要這麼做？」有一點你不用懷疑，J和L在犯罪過程中，不是能夠得到心理滿足，就是能夠減輕內心痛苦，更多時候兩者兼得；又或者是他們試圖得到滿足及解脫的努力與嘗試。而這更像是他們對問題1答案的復仇：索回早年缺失的愛和遺失的渴望。看一段J法庭審訊的錄音：

法官：你就從來沒有過正常的男朋友嗎？這樣的話你就不用殺這些人了。

J：人們總是會離開的，我永遠不會找到可以一直陪伴我的人，所以，我認為把他們留在身邊的唯一方法就是殺了他們，吃掉這些人，這些人就可以真正變成我的一部分。

少年時曾遭到遺棄，所以J害怕孤獨，成年後他便需要很多很多的（屍體）陪伴；早年經歷坎坷，L渴望關注，所以他把受害人部分屍塊裝進郵包，寄給在加拿大首都渥太華的兩大政黨總部。這樣說來，無論是在電影《女魔頭》、《香水》裡，還是現實中的「綠河殺手」身上，都能找到這種「悲情惡魔」的影子。單從犯下的罪行來說，他們是十惡不赦的，可是從某種層面來說，施暴者本身也是命運的殉道者。

世上沒有無緣無故的愛，也沒有無緣無故的恨。

第3篇

生不如死——創傷後壓力症候群

現在才知道原來活著遠比死了要痛苦。

有時我會夢到一切都未發生過，這種夢比噩夢還要殘酷，

因為醒來後我不得不重新接受一次悲慘的現實，

面對巨大的衝擊……

第一架飛機撞上世貿中心大樓時，我正在十樓的辦公室工作。我們都聽到響聲，很快，有人開始大聲叫喊：「快跑！是炸彈！」然後大家都朝樓梯跑去。當我們衝下樓梯時，煙塵隨之滾滾而來。到底層的路彷彿無休無止。跑出大樓我仰頭望去，只見大樓頂部火光熊熊，我僵在那裡，不能動彈。接著，第二架飛機又撞了上去……不知是誰抓起我的胳膊開始奔跑。混凝土和玻璃開始四處飛濺。人們踉踉蹌蹌，東倒西歪，個個滿身塵土。跑到離大樓很遠的地方，我們站在那裡看著世貿中心倒塌。其他人驚聲尖叫，而我卻只是凝視，無法相信這一切。

如今，我睡不好覺。雖然我努力入睡，但是在即將入睡之際，那些影像似潮水般湧入腦海。我眼睜睜看著世貿大樓倒塌，看見臉上帶傷的人們，以及沒能逃生、被坍塌的大樓掩埋的人們。我還能聞到煙塵的味道。有時，淚水把枕頭都浸濕了。我目不轉睛地盯著天花板，彷彿凝視著正在倒塌的世貿雙塔。白天上班時，我的心思完全不在工作上。別人對我說話，我充耳不聞。我常常感到自己似乎處於飄浮狀態，對周遭的事物既看不見也摸不著。但是，城市裡司空見慣的警笛聲，卻會令我著實一驚。

以上是來自二〇〇一年九月十一日美國紐約世貿中心恐怖襲擊中，一位倖存者的描述。與他一樣，許多人在生活中也會經歷一些諸如恐怖襲擊、性侵、地震、交通事故、火災、戰爭等嚴重的創傷事件，而在創傷過後產生的心理障礙便是——創傷後壓力症候群(PTSD)。

一、瀕死和直接的恐懼

創傷後壓力症候群有四種症狀：

（一）閃回的悲慘事件

我們常說「睹物思人」，但在創傷後壓力症候群中卻不是這樣，患者不需要親眼見到那些曾經歷的悲慘事件便可以重新體驗當時的感受。因為不管他們願不願意，那些恐怖的回憶和噩夢般的影像會突然闖入他們腦中，或者在現實裡、夢魘中，一幕一幕不停地浮現，這便是所謂的「閃回」，讓患者頓感無處遁逃。

前文中911事件倖存者的描述：「但是在即將入睡之際，那些影像似潮水般湧入腦海。我眼睜睜看著世貿大樓倒塌，看見臉上帶傷的人們，以及沒能逃生，被坍塌的大樓掩埋的人們……」重新體驗創傷事件是第一種症狀。

（二）超級淡定的無感人

當非常微小的灰塵落在皮膚上，我們察覺不到它們的存在，但是當這些灰塵聚集成大顆粒，落在我們身上，我們不但能看見它們，還能感受到它們對皮膚的壓力。這種剛剛好能夠引起感覺的刺激量，叫作「感覺閾限」。感覺閾限愈大，能夠引起感覺所需的刺激量便愈大。別人只要米粒大小的物體落在身上便感覺得到，但若你的感覺閾限比他們大，也許需要栗子大小的物體才有感覺。

同樣的，情感閾限也是如此。創傷後壓力症候群患者表現出對情感的麻木，對周圍情況無動於衷，因為他們的情感閾限被提高了，日常生活中普通事件的刺激，已經無法激起他們的喜怒哀樂，他們是真的「淡定」了。

除了變得麻木，患者還會疏遠身邊人，逃避一切和創傷事件有關的想法、感受、談話、活動和人，甚至漸漸對不相干的活動也喪失興趣。

再來看看911事件的倖存者是怎麼說的：「白天上班時，我的心思完全不在工作上。別人對我說話，我卻充耳不聞。我常常感到自己似乎處於飄浮狀態，對周遭的事物既看不見也摸不著……」感情麻木、疏離是第二種症狀。

（三）無時無刻高度警覺

一朝被蛇咬，十年怕草繩。

任何能喚起痛苦回憶的聲音或影像，都會使患者立刻心驚肉跳，抱頭鼠竄。比如在戰場上罹患創傷後壓力症候群的老兵，退伍後偶爾聽到汽車發動的聲音也會嚇得跳進身邊的水溝躲避，腦海中浮現戰爭的場面，再次體驗在前線時的恐懼。

還是像那位倖存者說的：「城市裡司空見慣的警笛聲卻會令我著實一驚。」創傷後壓力症候群患者，總是時刻警惕著過往痛苦。

因此，第三種症狀就是「高度警覺」。

（四）愧疚的倖存者

除了以上三種症狀，創傷後壓力症候群患者還會出現「倖存者愧疚」。他們甚至恨不得自己才是死去的人，為自己倖免於難或為生存而做過的事感到痛苦、負疚。

一位洪災中的倖存者表示：「我感到非常愧疚，因為鄰居當時向我求救，我沒有理會，而是選擇保全自己的家人。」

一位患有創傷後壓力症候群的越戰老兵說：「我是殺人犯。沒有人會寬恕我，我應該被槍斃，我應該接受軍事法庭的審判。」還有許多二戰大屠殺中的倖存者，因家人遇害而自己活著，或因自己沒能奮力反抗敵人，而產生深深的負罪感。

除此之外，常見的日常生活中的創傷事件，比如以下這場交通事故，讓一位醫生深切地體會到沉重的負罪感與良心譴責。

我是一名外科醫生。有天休息時，我打算陪四歲的女兒去玩具店買一些玩具。前往商店的途中，我卻一邊開車一邊思考工作中未處理完的事。突然，前面的車毫無預警地緊急減速右轉，我的車撞到它的尾部，油箱撞壞起火了，我的頭也撞上擋風玻璃，並且受了傷。

我女兒被變形的那一側車廂卡住。當時我拚盡全身力氣，才踹開了夾著她的金屬板，在火勢蔓延之前抱著她逃離。

在醫院裡，我不斷回想自己的所作所為，事故發生時的場景不斷在腦海中重現……要不是當時及時救出了她，我女兒現在已經燒傷，甚至被燒死。若不是我當時開車分心，也就不會有這場事故……後悔與愧疚充斥我的內心，比我肉體上所受的傷要痛得多了。

除了以上這些創傷後的表現，一項調查裡還發現一個奇怪的現象：第二次世界大戰中，受到無數次空襲威脅的英國市民，患上創傷後壓力症候群的比例，與沒有受到空襲威脅的人群相比，幾乎沒有差別，但是一些犯罪行為（如搶劫、性侵）中的受害者，事後的發病率卻相對較高。這是為什麼呢？

看看兩者的區別就能找到真相所在：空襲中，很多人並沒有直接體驗瀕死、死亡和直接的恐懼，只有當事者身臨其境，或者親身經歷，才有可能患上創傷後壓力症候群，常常看到當時的情境，聽到當時的聲音，聞到當時的氣味……提到氣味，讓我想起記憶。因為各種感覺通道（視覺、聽覺、味覺、觸覺等）中，只有氣味留下的記憶最持久，氣味留下的記憶多為長時記憶。

接下來，我想著重討論四類主要的創傷事件：自然災害、虐待、與戰爭有關的痛苦事件，以及常見的各種事故。

二、親歷噩夢：天災、性侵虐待、戰爭、意外事故

自殺，是創傷後壓力症候群中的極端形式，更多的患者不會表現得那麼脆弱，儘管如此，他們卻是生不如死，來看一下A的描述：

（一）地震過後，一切破碎

地震發生後不久，我被安置在臨時搭好的帳棚中。一連半個多月我幾乎夜夜無眠，始終擔心地震會不會再發生一次，同時一場場餘震也讓我如坐針氈。

我不是睡不著而是不想睡，多睏都會堅持著，因為每次睡著都會被同一個噩夢驚醒——我夢見自己被建築物掉下的石頭砸死了。每當這個時候，我的心臟就好像被一把尖刀劃破後又挑出神經，無法自已地思念地震中慘死的媽媽，回憶起她死時的樣子……也許那時我應該跟她一起去了，現在才知道原來活著遠比死了要痛苦。

有時我會夢到媽媽還活著，一切都未發生過，我們全家很幸福。這種夢比噩夢還要殘酷，因為醒來後我不得不重新接受一次悲慘的現實，面對巨大的衝擊……

除了地震以外，洪水、火災、颱風等自然災害也會導致倖存者出現創傷後壓力症候群。有

調查顯示，在一場毀滅性的洪災過後，倖存的兩百人中60%都患了創傷後壓力症候群，其中25%的人在十四年後仍沒有痊癒。

（二）蘇西的世界

虐待有很多種，包括身體虐待（如毆打）、性虐待（如性侵和亂倫）、情感虐待（如父母總是嘲笑自己的孩子），這些虐待都能引起慢性的創傷後壓力症候群（二十年以上的病程）。來看有被性侵遭遇的B：

我的人生就是一場苦難。在我四～八歲間遭到一位表兄多次性侵，十二歲時又遭到親叔叔強暴。三十三歲時，我又被一位陌生人性侵並毆打致殘。這麼多年來，我的睡眠總是與噩夢為伍。

我拒絕想起被性侵的經歷，但非常諷刺的是，我愈是努力迴避過往，它們愈是努力出現我的記憶裡。

我對身邊的活動慢慢失去興趣，感覺自己不斷地疏遠別人，變得易怒、易受驚嚇。尤其是三年前最近的那次性侵後，我幾乎每週都有一次驚恐發作。我的驚恐往往是由最近那次性侵的相關線索引起的，比如在我換內褲的時候，但是有時也會發生在我憂鬱和疲憊時……

B的講述讓我想起《蘇西的世界》。這本書講述一個十多歲的少女被性侵謀殺後，用靈魂看她死後世界的故事。

遭此慘禍後，她的家庭立即崩潰，父親精神恍惚，屢次為警方提供可疑線索遭拒後，在一次夜間去捉嫌犯時被誤傷致殘；母親無法忍受失女之痛，竟和探長私通，然後離家出走；妹妹在哀傷中一夜成人，不顧性命之憂去凶犯家竊取證據；年僅四歲的小弟在得知長姐已死後，成長中心靈受到創傷……

儘管少女的遭遇留下的陰影曾在這個家庭中揮之不去，但是許多年後，家庭的每一個成員都走上了各自的生活道路。

在一旁偷看的少女靈魂意識到：人生，猶如人身骨骼，即使有一塊破損了，但骨架終會長全；災難和苦痛與生活中的其他東西一樣，也都會在時間的慢慢流逝下，與整個生命融合。這是自己有過被性侵遭遇的作者想要表達的。

在這裡，我想給曾遭遇性侵的女士們提供幾點建議：

1. **相信自己**：不要責怪自己。照顧好自己。
2. **告訴你信任的人**：性侵犯令人恐懼和痛苦，獨自承受會不堪重負。想一想有沒有值得信任的人，也許是朋友，也許是親戚。
3. **接受身體檢查**：即使沒有受傷，儘快檢查以瞭解是否引起內傷、懷孕或感染性病等，七十二小時內進行身體檢查，是收集性侵證據的最佳時機。

4. **報案：**性侵乃重罪，及早報案會有幫助。

5. **尋求專業的心理援助：**從痛苦中解脫出來，需要時間和專業的指導。

以下是一次「約會性侵」中男女各自的內心描述，也許看完會有一些收穫。

女：我第一次遇見他是在一次聚會中，他外表俊朗並且愛笑，我想過去和他聊天卻不知如何開始，畢竟我不想讓自己看起來太主動。這時候他走了過來自我介紹，然後我們就攀談起來。我發現我們有很多共同點，我確實喜歡上他了。當他邀請我到他家喝點什麼時，我想這很好。他是一個很好的聆聽者，我希望他以後繼續邀請我出去。

男：我第一次見她是在一次聚會上，她看起來非常火辣，穿著性感的裙子，展示出她完美的身材。我們立即攀談起來，她一直對我笑臉相迎，並在說話的時候一直摸著我的胳膊，我看得出她喜歡上我了，當我邀請她去我家時，她答應了，真是走運。

女：當我們到了他家，我發現他家唯一能坐的地方就是床了。我不想他對我有任何非分之想，但我還可以坐哪裡呢？我們聊了一會兒，然後他向我靠近了，我有點害怕。他開始吻我，我確實很喜歡他，所以我覺得接吻沒什麼，那很美妙。可是當他把我推倒在床上時，我掙扎著要坐起來，並告訴他快停止；但他實在太強壯了，我非常害怕，並哭了起來。所有反抗都無濟於事，我停止了掙扎。就這樣，我被性侵了。

男：當我們到家時，我們坐在床上開始接吻。開始一切都很美好，接著，我把她放倒在床上，她開始反抗，並說她不想這樣。我知道大部分女人不希望讓自己看起來太隨便，她們通常會反抗，所以我知道她只是想這樣表現。當她停止反抗時，我知道我們做愛之前她必須假裝流幾滴眼淚。

女：雖然只有短短幾分鐘，但我感覺很可怕，而且他的動作又那麼粗魯。結束時，他老是問我怎麼了，好像他什麼都沒做一樣。他覺得只是壓在我身上而已，他把我送回家並說希望能再見到我。我不願再見到他，我從未想過這種事會發生在我身上。

男：當我們結束後，她仍然很沮喪，這時我就不明白了！假如她不想和我做愛，為什麼要跟我一起回來呢？從她的穿著和言行舉止上可以判斷出她並不是處女，那為什麼她還如此強烈地反抗呢？我不明白。

（三）戰地，血流成河

戰爭倖存者C分享她的經歷。

我今年四十歲了，直到圍攻開始的那天，我都在鄉下打理我的農場，圍攻後我家的房子被迫擊炮炸成了一堆瓦礫。第二天一早，武裝分子便來到村裡，命令所有人立刻離開自己的住所。我眼睜睜地看著一些鄰居和朋友被槍殺。我們被迫讓出房子、汽車和銀行存款，親眼看到別人對我們的掠奪，而掠奪者之中還有我們的好鄰居。

隨後幾天我們移居別處生活。一天，當我們夫妻倆走在路上，武裝分子突然抓住了我們，我的丈夫和其他男子一起被帶走了。隨後的五個月裡，我不知道丈夫是死是活。我在運送流放犯的火車裡度過了幾天幾夜，沒有水也沒有食物，許多人就在我身邊窒息而死。強行軍時，我不得不從死去的朋友和親人身上跨過。

有一次，我所在的小隊必須通過一座橋，橋的兩邊布滿了武裝分子的機槍手，他們胡亂掃射，還命令我們把身上所有值錢的東西都扔到橋下的網袋裡。接下來的好幾個星期，我和許多婦女兒童擠在一個條件極其惡劣的大帳棚裡。人們的哭泣聲不絕於耳，當我也開始哭個不停時，我覺得自己的腦子出了問題，我已經「瘋了」。

如今，我覺得自己再也開心不起來。獨自一人時，所有往事歷歷在目，我時常躺在地上回想著以前家中的一切，他們搶走的每一件東西。

每個夜晚，那些痛苦都伴我入睡。

在戰爭，尤其是大規模的戰爭中，成千上萬的人遭到迫害和殺戮，數百萬人流離失所。戰爭帶來的殘酷，不僅是軍隊的累累暴行、集中營大屠殺、有組織的集體性侵等，還有鄰里間的無情掠奪和相互殘殺。

比如阿富汗戰爭中，阿富汗人民經歷數十年的戰亂和侵略，還有塔利班的殘暴統治。在美國911事件後，阿富汗再次遭到轟炸，導致成千上萬的阿富汗人或死或傷，數以千計的人住在臨時帳棚裡，沒有足夠的水和食物。

研究發現，阿富汗難民患創傷後壓力症候群的比例非常高，尤其是婦女，因為塔利班已經剝奪了她們最基本的人權，許多人的丈夫和男性親屬被殺，沒有了這些男人，她們幾乎不可能繼續生存。

拋開平民，我們從戰士的角度看，又是怎樣的呢？

自從第一次世界大戰以來，對於士兵的戰爭創傷反應出現過很多名詞，「炮彈厭惡」、「戰爭疲勞」、「戰爭神經症」等，現在我們知道這都是「戰爭創傷後壓力症候群」。他們一次次目睹自己的同伴被殺死的慘狀，同時自己也不斷殺人。

這些壓力在幾個月甚至幾年中慢慢累積，在他們身處戰爭中或還留在軍營時是看不出明顯症狀的，一旦回到平民生活，這些影響都會表現出來：他們變得恐懼、失眠、冷漠、激動，腦中充滿各種死亡的念頭。有些士兵，比如越戰老兵，甚至會對同伴或家庭成員做出攻擊行為，使整個家庭陷入苦惱。按照這種情況，也許有些戰士一輩子都不應該離開軍營。

現在，我有一個疑惑：為什麼有些人在事後會患創傷後壓力症候群，而另一些人卻不會呢？下面我們就來研究一下創傷後壓力症候群的成因。

三、誰讓我心痛？

（一）社會成因

1. 事件的嚴重性和持久性

有些人天生就是易感體質，遇到同樣問題會比其他人更容易激動、更容易受傷。但當創傷事件的嚴重性和持續時間達到一定程度，無論你是不是易感體質，都會兵敗如山倒。

就像在前線服役時間更長，或有被俘經歷的老兵，患創傷後壓力症候群的可能性大於沒有類似經歷的老兵；遭到暴力輪姦的受害者，比時間較短、行為較溫和的性侵受害者，更可能罹患創傷後壓力症候群；因自然災害失去家園、愛人或受傷的倖存者，比受災難影響較小的人，更可能患創傷後壓力症候群。

2. 不能和他人述說的痛苦

一項研究發現，經歷家人自殺、性侵和愛人因愛滋病去世等事件的人，比起經歷其他創傷事件的人，更容易有創傷後壓力症候群。

為什麼呢？分析這幾個事件的共同性就知道了：通常它們都難以啟齒，不便向外人透露，被社會認為是一種恥辱。

如果人們在創傷事件發生後的恢復期，不能和他人談論自己的痛苦感受和回憶，並獲得他人精神上的支持，更容易罹患創傷後壓力症候群。就像參加過越戰的退伍士兵，比其他退伍老兵更容易患創傷後壓力症候群，因為美國社會對越戰有很多爭議，褒貶不一，所以許多重返祖國的士兵得不到家人和朋友的支持。

女性較男性更容易罹患創傷後壓力症候群，可能是因為女性最常經歷的創傷（如性虐待），大多是令她們感到恥辱的；而男性的經歷，大多為意外等不帶有恥辱性的事件。

創傷事件發生後，能否獲得社會的支持，也是創傷後壓力症候群的成因。

（二）心理成因

1. 無法面對痛苦

只有直接面對痛苦，才能更快從痛苦中走出來，逃避反而延長痛苦的時間。

有的人在遭遇創傷事件之後，借助酒精或者毒品幫助，讓自己置身事外，以旁觀者的身分來看待自己的痛苦和它帶來的影響。

這種情況就跟諱疾忌醫一樣，會讓自己陷入更痛苦糟糕的境地。比如，有的人變得墮落頹廢，丟掉工作，失去家庭，甚至流落街頭。

2. 原來就憂鬱

有的人在沒有遭遇創傷事件之前，就已處於鬱鬱寡歡的狀態，當他們真的遇到「大麻煩」的時候，就會比正常人更容易罹患創傷後壓力症候群。

比如參加過越戰的非裔、拉美裔的美國退伍老兵，患創傷後壓力症候群的可能性就大於白人士兵。這可能是由於這些士兵在戰前和戰後都受到歧視，導致憂慮情緒惡化，增加了患病的機率。

3. 信念已毀

民間有種說法，說在本命年的時候會犯太歲，總會遇到不好的事情，嚴重的非死即傷。我是個無神論者，原本不相信這些迷信的說法。但是一次本命年，我卻破天荒地接連生了三場大病，近三個月沒離開病床。這事情對我影響最大的不是肉體上的病痛，而是心理上的震撼：我生平第一次意識到自己的身體如此糟糕，什麼情況都有可能發生，生命是不完美的，隨時都有可能終止。

這之後，我的人生觀發生了巨大改變。創傷後壓力症候群的另一心理成因便是：信念的動搖。

在生活中，我們對自己和世界的運轉有許多信念，這些信念大部分時間讓我們感覺良好，但是一次痛苦的經歷就可能將其摧毀。

首先是自己不會受傷害的信念。大多數人覺得只有別人才會碰上倒楣事，當發生嚴重交通事故、自然災害或者遭到綁架、性侵的時候，這種認為自己不會受傷害的幻想便破滅，一下子覺得世界顛倒，脆弱無助，對身邊的一切草木皆兵，焦慮不安。

其次，認為世界是公平和有意義的。一旦發生沒有道理、非正義或犯罪事件，這種想法就會被顛覆。

最後是認為好人有好報。創傷事件的經歷者會說自己為人善良，一貫行善積德，怎麼災難會降臨到自己頭上呢？太沒天理了。而對於那些遇難的人倖存者來說，覺得就算死也應該是比遇難者更壞的人才對。

我想起了另一種情況下受害的「信念動搖」——斯德哥爾摩症候群。

四、斯德哥爾摩症候群

魔鬼來到人間，把一個人抓進了地獄，讓他飽受折磨。當魔鬼允許他回到人間，偶爾過幾天人間的「好日子」。他便產生幻覺，以為自己到了天堂，而將他抓進地獄的魔鬼，彷彿是解救他的天使。

（一）斯德哥爾摩銀行搶案

一九七三年八月二十三日，在瑞典首都斯德哥爾摩的一家銀行發生了一起搶劫案，兩名綁匪劫持四名人質近六天時間。人質對匪徒產生了依戀情結，他們害怕員警勝過害怕綁匪，其中一位女人質和綁匪有自願的性接觸。人質被成功解救後，他們不但不恨綁匪，反而為他們辯解，一位人質甚至建立基金，幫助綁匪支付辯護費用。後來一名瑞典犯罪學家將這種受害者對壓迫者或施虐者的依戀，稱為「斯德哥爾摩症候群」。

是什麼導致人質產生這種一反常理的態度呢？以下四點解釋，會為你撥開迷霧。

1. 人質深信綁匪會殺死他們

在這種對峙情況下，人質覺得綁匪既然可以殺死他們，那麼對他們實施懲罰和虐待也就見怪不怪了，即便這會讓人質們覺得不適和不安。而當綁匪對他們稍有仁義之舉，他們卻覺得受寵若驚，內心便激起情感的千層浪。

2. 綁匪會向人質表達某種程度的善意，或者給小恩小惠

折磨是應該的，施恩是額外的。因此當人質感到絕望時，綁匪能給他們一些食物和水，或者允許他們上洗手間，人質便會迸發出無比感激，甚至認為自己還活著是因為綁匪沒有殺掉自己，是「被恩賜的存在」。事實證明，綁匪的「善舉」是斯德哥爾摩症候群形成的基石。

3. 沒有逃脫的機會

試圖逃跑的人都被綁匪殺了，這樣就強化人質的認知：我的生命完全掌控在綁匪手中。人有時會為了生存做任何事，當人質認為聽從命令和保持沉默是避免受到傷害的唯一方式，就會將「認同綁匪的話」變成自我保護機制，為了保命必須服從到底。人質感到愈無助就變得愈聽話。

4. 與外界隔絕，得到的資訊皆來自綁匪

在被綁架的封閉空間裡，人質原先固有的信仰體系變得不堪一擊，很容易被綁匪洗腦。如果幸運遇上「有文化」的綁匪，那就更容易因為「人格魅力」而被完全征服。一旦人質開始站在綁匪的立場，透過綁匪的眼光來重新看待這個世界，有斯德哥爾摩症候群就在所難免了。

斯德哥爾摩症候群離我們並不遙遠，甚至可以用它來解釋生活中常見的現象：為什麼有的婦女在家暴中受盡丈夫的折磨，但在心理上對丈夫依然有強烈依戀？

（二）丈夫打我，但是他很愛我

這裡我們可以把受暴婦女視為人質，而把施暴的丈夫看作綁匪，來看看兩者的共同之處。

1. 受害婦女感受到丈夫的威脅

丈夫經常說如果她敢報警，下次就打死她，或者她敢提出離婚就殺死她或她的全家。當人長時間生活在恐懼和壓力中，抵抗力會逐漸減弱，甚至開始以近乎孩童的態度討好丈夫。

2. 丈夫的悔改表現，相當於綁匪對人質的小恩小惠

在壓迫環境中生存的妻子，總是會透過尋找點滴的希望來證明現狀可以被改善，丈夫的某些溫柔之舉都會被妻子誇大為悔改的表現。暴力平息後，丈夫有時會買小禮物給妻子，或者向妻子道歉，保證以後再也不會發生同樣的事。這時妻子很容易被打動，她們經常以此向自己也向他人證明：丈夫其實是好丈夫，只是偶爾會做錯事。

3. 妻子很難離開家庭

對於妻子來說，離開自己曾經愛過或仍然愛著的人是非常困難的事。妻子一般在家庭關係中傾注了很多心血，甚至犧牲了學習和晉升的機會。在家庭中投入愈多，就愈難離開。

這時，家人或朋友的問候或關心電話可能會引發家庭暴力，所以在妻子看來，外人才是麻煩的製造者，應當儘量避免與他們聯繫。如果司法部門干預，受害女性常常謊稱自己身上的傷是不小心碰撞的，她們不希望施暴人被追究刑事責任。當員警要帶走施暴人會遇到受害人阻攔，她們擔心丈夫回來之後，暴行變本加厲。在這種情況下，唯一的生存之道就是隱忍，否則她挨

打的次數將更多，受的傷害也更重。

4.受暴婦女被丈夫的評價影響

在暴力家庭關係中，施暴人不斷貶低、侮辱妻子，故意傷害她的自尊心。這種負面評價聽多了，妻子就會逐漸認同。她們認為自己真的有很多缺點，所以丈夫才打她。她沒有能力，什麼事都做不好，除了丈夫，沒有人會愛她，願意娶她。她覺得丈夫是公正的評判者，她做的每件事都為了吸引丈夫的目光，贏得丈夫的愛。如果丈夫施暴，她認為是自己的失敗。

（三）搶當性奴

同樣還可以用斯德哥爾摩症候群來解釋的，是大陸一起駭人聽聞的洛陽性奴案！

洛陽性奴案的犯罪人叫李浩，他強迫年輕女性進行網路色情表演。從二〇〇九年開始，在長達兩年的時間裡，李浩以「包夜外出」為名，分別從洛陽市不同的夜總會、KTV誘騙六名女子到一間隱藏於民宅中的地下室，離最近的派出所不到一百公尺。這個地下室是李浩幾年前購得，面積不足二十平方公尺。經他挖掘後的地窖分為四個部分，首先是一個直徑大約為六十公分的洞口。下到洞口之後，向左即是僅夠一人爬行穿過的隧道，爬過隧道之後，裡面是兩間小房。圖3-1就是李浩所挖地窖的結構。

這幾名女子被長期囚禁於此，並遭受性侵害。其間，李浩還帶她們外出賣淫，牟取錢財。經過「調教」，她們毫無反抗意識，反而相互妒忌，常為「晚上誰能陪大哥睡覺」發生爭執，

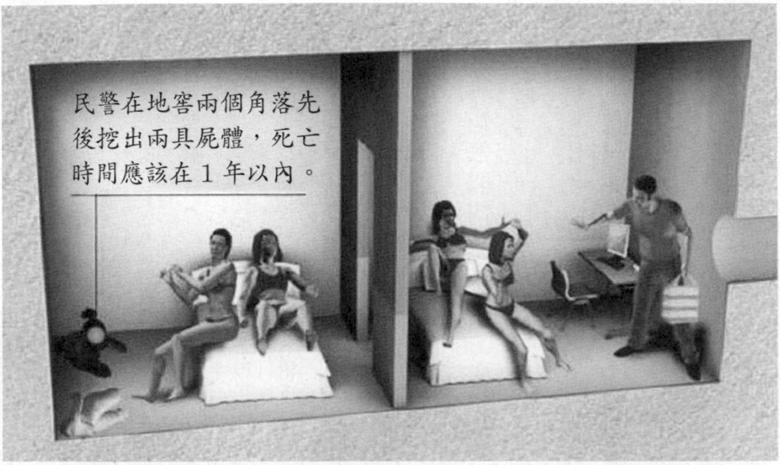
民警在地窖兩個角落先
後挖出兩具屍體，死亡
時間應該在1年以內。

（圖 3-1）

並稱呼李某為「大哥」或者「老公」。

大約一年前，其中一名女子與另一個女孩因爭風吃醋發生打鬥。李浩協助後者將前者打死，將屍體就地掩埋。在此之前，為殺一儆百，李浩已將一名不服管教的女子打死，掩埋在女孩們居住的角落裡。李浩購置該地下室並開挖地窖一事，其妻不知情。

李浩被捕後，受害女性被問到囚禁遭遇時，卻一致聲稱李浩對她們照顧有加，總結受害者與施害者的關係，有四大詭異之處：

1. 被囚女子不僅不反抗，反倒爭風吃醋。
2. 被囚女子有機會逃脫也不利用。
3. 受害者變施害者，竟將同伴打死。

4.被囚女子「忘記了恨」，有人還在員警調查過程中袒護李浩。

這些情況基本與斯德哥爾摩症候群的症狀相吻合。

其中除了一人反抗被殺以外，其他人不但沒有趁機逃脫，而且還為了這位「大哥」爭風吃醋，甚至協同殺人，這種看似不可思議的心理操控，其實是基於生命受到威脅、反抗無效、與世隔絕，再加上「大哥」一些微「照顧」後的妥協。有人曾經設喻：魔鬼來到人間把一個人抓進了地獄，讓他飽受折磨，當魔鬼允許他回到人間，偶爾過幾天人間的「好日子」，他便產生幻覺，以為自己到了天堂，而將他抓進地獄的魔鬼，彷彿是解救他的天使。

面對生活的挫折，人的心理會有自動保護機制，就像傷口會自然癒合一樣，將不良刺激轉化為良性刺激，藉此度過難關。常見的心理防禦機制有：合理化、壓抑、選擇性遺忘、幽默、投射等。我們就來說說其中的「合理化」——為不能接受的事找出可以被接受的理由，用容易被接受的解釋取代真實原因。比如，一名學生在一次考試中考差了，他可能認為是老師沒有做好考前指導；一個女生的男朋友跟她分手，她可能會對朋友們說，從一開始就沒有真正喜歡過他。與真相比起來，這類說法讓人更容易接受。而被囚禁做性奴對於這些女性來說，則可以理解成「大哥」這樣做是愛我們，想把我們保護起來不受外界侵擾。

除此之外，我們不能忽略「氛圍」，也可以說是「體制化」。著名電影《刺激1995》演繹了這一點，影片中犯人老瑞德這樣談到「體制化」：「起初你討厭它（監獄），然後你逐漸習慣它，足夠的時間後你開始依賴它，這就是體制化。」在李浩創造的這個小社會和體制中，某些人「入戲太深」，沉浸在一種「氛圍」裡，為自己深深打上「體制」的烙印。

著名的「史丹佛監獄實驗」與此有同樣道理。該實驗由二十四名隨機挑選的史丹佛大學生分別擔任模擬獄卒和模擬囚犯，在學校臨時改造的「監獄」實驗。這個實驗原計畫進行兩週。但自實驗開始的第二天起，「獄卒」們已經不滿足於僅僅把「囚犯」關在牢房裡了，在真實的監獄（巴格達中央監獄）裡發生的恐怖事情，竟然在模擬監獄裡發生：囚犯被脫光衣服，頭上套著紙袋，還遭受了性虐待。

這個原計畫兩週的實驗不得不在六天後停止。實驗的偉大之處在於揭示人如何在環境和行為的影響下改變，善良、守法的公民何以能在短短幾天展現暴力和虐待傾向，而獨立自由的公民又何以能迅速進入犯人的角色而無法自拔？

一切因為「只緣身在此山中」。

有句老話「禍福相依」——人失去什麼必然會得到什麼。當創傷事件發生後，多數人會試圖弄清事件發生的原因，試圖理解它對生活的意義。

我喜歡將生活中發生的一切視為禮物，無論因何發生，怎樣發生。禮物不一定只帶來喜悅，只要發生了便是一份禮物，都有它的意義。我經歷了很多痛苦，而從中收穫頗豐。雖然並不願意再次經歷那些痛苦，但是我對生活中的一切心存感激，正是它們造就了今天的我。人生要經歷許多歡樂和悲傷，無論如何，都使我們的人生更豐富！

第4篇

失樂園——那些與性有關的祕密和禁忌

如果一個人如此愛自己，在性關係上，
與其說是與對方做愛，
還不如說是借用對方的陰道或陰莖來「自慰」！

一、愛之三角

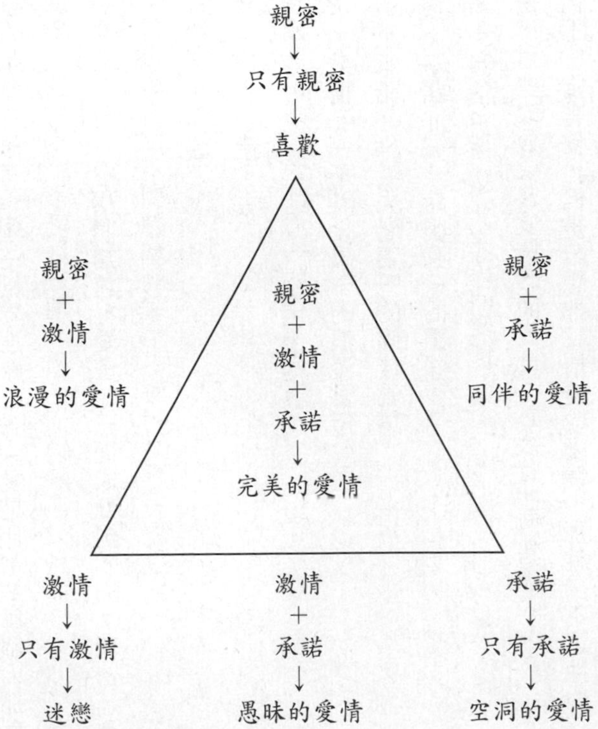
親密
↓
只有親密
↓
喜歡
親密
＋
激情
↓
浪漫的愛情
親密
＋
激情
＋
承諾
↓
完美的愛情
親密
＋
承諾
↓
同伴的愛情
激情
↓
只有激情
↓
迷戀
激情
＋
承諾
↓
愚昧的愛情
承諾
↓
只有承諾
↓
空洞的愛情

（圖 4-1）

每個人都曾經思考一個「世界性難題」：愛是什麼？每個人都有自己的看法，在這裡我想說說心理學上的答案——愛之三角。

從「愛之三角」中我們知道，愛是由三種成分組成的：親密、激情和承諾。這三種成分不同搭配，可以組合出不同類型的愛情（圖4-1）：

只有親密＝喜歡

只有激情＝迷戀

只有承諾＝「口說無憑」的空洞愛情

親密＋激情＝「不計後果」的浪漫愛情

親密＋承諾＝「老夫老妻」的同伴愛情

激情＋承諾＝「一時衝動」的愚昧愛情

親密＋激情＋承諾＝完美的愛情

但是，這些成分成為愛情的前提是：必須有性做基礎！

有性不一定有愛，但是若想把感情變成愛情，那就少不了性的存在。有些人會提出異議：「我就崇尚柏拉圖式的愛情，怎麼辦？」對不起，心理學上將柏拉圖式的愛視作變態的愛。婚姻的三大支架是：物質、感情、性。一項滿足了就能「湊合」過，滿足了兩項就能過得挺不錯，若是三項都滿足，那就是神仙眷侶了！今天我們就在這裡談一談這個婚姻的三大支架之一，如果沒有了它愛情就「變態」的傢伙——性。

二、歡迎乘坐性愛小火車

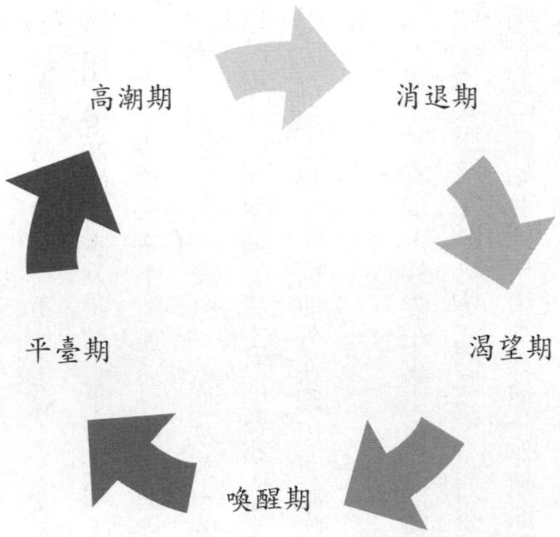

（圖4-2）

回想自己最近的一次性愛，跟我一起搭乘這輛「性愛小火車」，重溫性愛之旅——性反應週期。（圖4-2）

在性愛小火車「預熱」的階段——**渴望期**，你會有強烈想做愛的衝動，「欲火焚身」、「情難自禁」就是指這時候。此時，只需一點性刺激和性幻想便能讓你「激情澎湃」。男人的「武器」一下子由平靜狀態到半興奮再到完全勃起，瞬間「抬頭挺胸」進入一級戰備狀態；同時，作為後勤保障的睾丸被向上提起。女人也會積極「備戰」，不斷往「前線」輸送血液，因此陰蒂變大，陰唇腫脹，陰道開始分泌潤滑液體。「前戲」就發生在這個階段。

此番醞釀之後，性愛小火車正式開動，我們進入令人非常愉悅的時期——**喚醒期**。兩軍開始「交戰」，男人勃起的陰莖變硬，顏色變深，因為有更多的血液湧入其中，尿道開始分泌液體。「後勤部隊」也變得更加忙碌——睪丸變大，被進一步向上抬高，前列腺增大。此時，女人的陰道中會湧出大量分泌物，子宮提起，陰唇也因為充血而變色。

性愛小火車在不斷加速，雙方進入酣戰，難分高下。我們體會到的興奮感維持在很穩定的水準，這是令人快樂且「欲仙欲死」的時光，所以很多人會想方設法在高潮來臨前儘量延長這段時期——**平臺期**。在平臺期會讓人肌肉緊張、面色潮紅、唾液分泌增多、鼻翼翕動、心跳加快、呼吸沉重。這時，即使外在環境有風吹草動也難顧及，所謂「兩耳不聞窗外事，一心只跑小火車」。

過了平臺期，性愛小火車再次提速，玩命衝刺著，為的是巔峰時刻的到來——**高潮期**。此時，男人已經無法排尿，因為精子和尿液共用一條通道，在如此「性命攸關」的當口，身體的「交通管制」開始發揮作用；其他「作戰部隊」也進入非常時期，精囊收縮，擠迫精液流到尿道中；直腸的括約肌關閉，防止「四處開花」的尷尬發生。最後，伴隨著陰莖猛地一顫，射精開始！

如果夠幸運的話，女人將體驗到傳說中神奇的性高潮。為什麼說要夠幸運呢？曾有研究表明，40%的女性一生都不知道「性高潮」滋味為何。綜合個人身體敏感度和兩人配合的默契等因素，女性性高潮的確來之不易。她們的性高潮分為G點高潮和陰蒂高潮兩種。但不管是哪種，共同的表現是：肌肉有節奏地快速收縮（在陰道壁的下方三分之一處），所以女性會有「夾緊」，而男性會有「被夾緊」的感覺。伴隨著這種奇妙而輕微的肌肉痙攣，將產生超凡快感，即使被形容為「在雲端」也絲毫不過分。緊接著，當快感還未完全退去，大量潤滑液體已開始從陰道中湧出，整個過程一氣呵成（身體彷彿經歷了一場華麗而壯觀的雪崩）。

繁華落幕，激情褪盡，一切都達到巔峰之後，性愛小火車驟然減速，駛入性愛旅程的最後階段——**消退期**。幾分回味，幾分落寞，射精完成後的男人「敗下陣來」，陰莖癱軟著（多則幾個小時，少則幾分鐘），此時一切誘惑與刺激皆是浮雲。而對於女人來說，有的人在一次高潮後能立即迎來第二次，第二次之後還有第三次……直至精疲力竭。

無論性行為是透過手淫、性交還是其他方式進行，男人和女人大部分會經歷以上五個階段。但是跟男人相比，女人的反應可能更靈活，有的女人興奮期和平臺期很短暫，高潮來得太快；而有的女人興奮期和平臺期很長，高潮遲遲不來。所以男女雙方怎樣掌握好彼此的「節奏」便成了性生活是否和諧的關鍵！在性愛小火車的旅途中，每個人表現都不一樣，比如，有些人在性方面太活躍了，他們很難覺察自己還有一個平臺期，更多時候是從興奮期直接到達了高潮期。

只有瞭解和掌握自己的性愛特點，才能從中獲得最大快感。如果性愛小火車在某一階段沒有順利運行，便會出現相應的性功能障礙。比如，性愛小火車在「預熱」時遇到的麻煩——性需求障礙。

三、性趣決定一切

在性愛中「性趣」問題是關鍵。先來看看以下兩個例子。

朱先生的遭遇：

這種事不發生在自己身上不知道有多痛苦。我今年三十二歲，正值壯年，老婆小我一歲。我們結婚八年，一直存在一個問題：我老婆性冷感！最近九個月來，更是連一次性生活都沒有。說真的，要不是看在孩子的分上，我早就離婚了。每次我想要，她不是敷衍了事，死屍一般一動不動，一聲不吭，就是乾脆不讓我碰，說白了她根本不想做愛。一開始我以為是自己不夠浪漫、溫柔，於是用盡花招，又是燭光晚餐又是花瓣浴。起初她還很享受，但一到關鍵時刻就開始躲避，如果我要再勉強她，她就發火了；要是我也發火了，她就開始哭……唉，真是沒辦法。

我終於受不了，提出離婚，她才告訴我一段隱瞞很久的事：她小時候，比她大五歲的表哥性侵了她，她深感罪惡，一直把這件事藏在心底，但每次跟我做愛就會勾起痛苦的回憶……

李女士的不幸：

我今年三十歲了，結婚三年，老公一直對性生活沒興趣，過著傳說中的無性婚姻生活。我曾經對他產生無數質疑：有外遇？絕對有外遇！喜歡男人？絕對喜歡男人！身體有病？絕對身體有病！但是這些猜疑很快都被推翻……其實除了這點，生活中其他方面他做得不錯，很疼愛我，盡到做丈夫的責任。可是我不甘心，自認還有幾分姿色，為什麼他對我無動於衷？我還發現他平時幾乎不關注任何與性有關的東西，也不手淫，到底為什麼？這是要羽化成仙，不食人間煙火了嗎？我還想要小孩……

後來，他的朋友告訴我，我老公酒後說的一番話：他在結婚前的幾個女朋友，個個風情萬種，小鳥依人，他看到她們就「性」致勃勃。一直以來，他都想找這種類型的女孩做妻子，沒想到最後陰錯陽差地碰到了我。我是強勢的女人，平時能獨當一面，溫柔的氣質實在太少了……一拿我跟他的前女友們對比，他就頓時「性趣」全無了。

對於朱先生老婆和李女士丈夫這樣的人來說，任何性誘惑和性刺激，包括看色情電影、手淫、性幻想、性交等在他們面前全部起不了作用，簡直是「無欲則剛」，而原因在於他們有「性欲缺乏障礙」。

怎樣判斷是否罹患此病？首先，應該像李女士先做「排除法」，確定不是其他原因所致。然後，透過性生活的頻率來衡量。至於什麼樣的頻率才算有問題，這就要「家庭具體分析」了。一般說來，夫妻一個月中性生活少於兩次，長此以往就應該注意。但還有一種情況，有些人每週能有兩次以上的性生活，可是這麼做只是為了照顧另一半的感受，對他們而言是「情非得已」，根本無法從中體會任何樂趣。

如果說上面兩位只是對性不感冒，那麼接下來的案例，對性表現出極度排斥，屬於——性厭惡障礙。看凹凹和凸凸的故事：

凹凹和凸凸大約一到兩個月才有一次性生活，而且通常是在凸凸強烈要求下。他們的做愛方式很另類：凸凸只能用手接觸凹凹的身體使她達到高潮，然後再單獨解決自己的問題。為什麼這樣呢？因為凹凹一看到或摸到凸凸的陰莖就會覺得非常噁心，驚恐不已，所以避之唯恐不及。至於這種厭惡感從何而來，凹凹也說不清楚，直到最近她參加了叔叔的葬禮。

凹凹的叔叔是一名音樂系教授，廣受尊敬和愛戴。在凹凹九歲時，叔叔也成了她的音樂老師，教授她「節奏感」的課程：讓凹凹隨著節拍器的節奏親吻他的陰莖……凹凹覺得這樣做噁心透了，卻不敢告訴父母。十二歲以後，凹凹就再沒有見過叔叔，也完全「忘記」叔叔對她做的事。而在這次葬禮上，當人們歌頌他生前為人和功績時，凹凹很生氣，不堪的記憶漸漸重現眼前……她終於知道無法正常進行性生活的原因。

同一件東西，對有些人來說是砒霜，而對有些人來說卻是蜜糖。與性冷淡和性厭惡截然相反的是——性成癮症。

四、性愛上癮症

我第一次聽說性成癮症，是得知我最喜歡的電視劇《X檔案》男主角大衛・杜夫考尼(David William Duchovny)患有此病。性成癮症又叫作「性愛上癮症」，患者無法克制地產生性衝動，然後迫不及待、不顧一切地找對象發洩，否則內心就焦慮無比。它多發生在三十～四十歲性生理最活躍的男子身上。

當性愛成癮，性就成了沒有終點的苦役，再新的招數也難以填飽「癮君子」的超級胃口……拍攝《我是性癮者》的導演凱維・赫扎赫迪(Caveh Zahedi)便是性成癮症患者，而這部影片是他的自傳。電影詳細地描繪了他病發的過程，就用他的故事來看性成癮症好了，暫且稱他為K。一切從他在街上遇到一位妓女開始……

一天，因為感情和事業不順，失意落寞的K在街頭漫無目的地走著，直到遇見一位妓女。妓女向他投來熱切渴望的眼神，於是他便試探性地上前搭腔：「有口交嗎？」問完這個問題，K的腦海中等待著兩個答案：「討厭死了，你怎麼這麼壞？」然後捂臉羞澀地跑開；或者罵：「臭流氓，無恥！」然後抽他一耳光。

然而真實情況卻是，妓女一邊微笑一邊說：「I will suck you and I will fuck you……」

一瞬間，奇妙異樣的感覺電光火石般穿過他的大腦，那一刻，儘管他還意識不到發生了什麼改變，但能肯定的是，改變確實發生了……得到這個回答後，K慌亂地搪塞幾句便匆忙走掉。

此後，這個妓女的影子日日夜夜縈繞在他腦海中，無法抹去。是想跟這個妓女做愛，還是僅僅迷戀？困惑了幾天後，他為自己想出擺脫的辦法。

方法1：手淫

如果把對這個妓女的「思念」透過另一種方式發洩出來，會不會就能夠讓她消失呢？連續幾天，當妓女在腦海中出現時，K便躲進房間「打手槍」，一邊打一邊想著她的樣子……可惜，這並不管用，因為每次手淫過後，她還是會重現。

方法2：交談

K很清楚，這個妓女不過是普通人，只是他將她化身成了性欲救贖者，並置於高高的性欲大殿之上，顯得她神聖而不可侵犯。看來，唯一能把她「貶為凡人」的方法，只有跟她近距離地深入交談一次。

K跑到第一次見到她的地方，但不幸的是，那個妓女已經不在了。

K非常沮喪，他不想空手而歸，跑遍整條街，跟每個妓女交談。談話的內容通常只有兩句：「多少錢」、「可以口交嗎」然後就走掉。回家路上他暗自竊喜，以為自己終於甩掉了這件事。

但沒過多久他就發現自己又錯了，雖然不再想著那個妓女，但他現在想著的是她們每個人！

方法3：坦誠

在童年時，父親對母親的欺騙和背叛，導致K的家庭破裂，所以他憎恨父親，發誓絕不像父親那樣欺騙女人。因此K將別的女人給自己的性誘惑一五一十地告訴妻子。（這為他的感情悲劇埋下了伏筆，因為沒有一個女人能忍受這樣的事。）

當他跟妻子說完關於妓女的想法，妻子雖然很難受，但勉強接受了現實：

「如果你需要，你可以去找妓女。」

「不是的，我是想擺脫這種欲望，所以才跟妳說，我需要妳的幫助。」

「那怎麼做才能幫到你？」

「也許你可以像妓女那樣幫我口交？」

「我可以隨時為妳做這個，只要你能好。」

然後妻子俯下身來……

怪事發生了，K在射精完成後依然勃起，而且幾次以後還是這樣，這在以前是不曾發生的事。他好像再也不需要抑制自己的性欲，長期壓抑的性能力突然爆發了。

此後，K彷彿變身成「性欲狂」，僅是走在大街上看到形形色色的女人，便有跟她們做愛的衝動。有時候，K甚至情不自禁地尾隨在某個女人身後，試圖伸手去摸她的屁股……

方法4：放手去做

沒過多久，K的妻子終於忍受不了這樣的生活，選擇離婚。這對K來說是巨大的打擊，因為在對抗性成癮症的道路上，他成了孤身一人。

努力了這麼久，不僅沒成功，還失去家庭，那麼索性就找一個妓女「真槍實彈」做一次！於是，他再一次問完那兩個問過許多遍的問題「多少錢」、「可以口交嗎」後，他沒有走掉，而是跟對方說：「Let's go!」

方法5：就做最後一次

每次跟妓女做愛完後，K感到非常空虛、沮喪，發誓這是最後一次。可是沒過多久，他又禁不住誘惑，舊事重演，做完之後又感到非常空虛、沮喪，發誓這是最後一次……

方法6：做到足夠多為止

為什麼對性樂此不疲？K認為是因為量還不夠！如果他做得夠多，量的積累一定會產生質變，他會形成「審美疲勞」，變得麻木，那時一切都會結束。接下來，K發瘋一般地流連每個妓院，想出各種花樣滿足自己的性欲……

一開始時很興奮，後來這樣做也不能滿足他了。

方法7：做得徹底

K想：「我之所以沒有擺脫妓女的誘惑，是因為沒有跟其中任何一個做得徹底！」

他從來沒有像自己幻想的那樣去對待她們，他對她們總是太溫柔，因為不想她們不喜歡他。而他幻想中的性愛應該是十分暴力的：一邊狠狠地辱罵她們，一邊粗暴地折磨她們。

他找了一個妓女，狠狠地做了他想做的。雖然在過程中對方十分痛苦，但完事後，這個妓女卻一臉輕鬆、滿懷感激地對他說道：「歡迎下次再來哦！」

K在回家路上感到無比難過，他甚至想到自己二十年後的樣子：孤獨衰老，依舊單身，然後欲火焚身，絕望地四處覓食……

方法8：找一個更好的女友

「如果這個女友真正瞭解我，明白我的情況，也許不會離開我。她可以和我一起面對，我們會在一種自我超越的境界上結合。」K真的找到了這樣一個女孩，我們叫她R。

R理解K，她甚至陪著K去找妓女。但好景不長，K發現R有酗酒的毛病，而跟他在一起後，也許因為心裡難過，她的情況變得更嚴重了……

最後兩個無法拯救自己的人不得不絕望地選擇分手。

八場戰爭都以失敗告終，K卻在此時悟出一件事：「每個進入我們生活的人，都是一面鏡子，能照出自己無法看到的東西。」

從R的身上，他意識到自己的性成癮就如同她的酒癮一樣，是需要治療的病。而當他真正接受治療時才發現，自己不是唯一的性成癮症患者。很多人跟他一樣，只是症狀不同而已：有的人喜歡去同性戀浴池，有的人喜歡手淫，有的人沉溺於色情網站……

但有一點是相同的：愈縱容自己，情況就愈嚴重！

五、無能為力的陰莖

如果人在性渴望階段沒有任何問題，「性」趣濃厚，正摩拳擦掌準備開跑時，卻發現「糟了，啟動不了」，這便是——性喚醒障礙。

男人無法「性喚醒」，便難以達到或保持勃起，就是我們所說的陽痿；女人不能「性喚醒」，便難以擴張陰道或保持足夠的潤滑。就像下面這對夫妻的情況：

丈夫：我今年三十八歲，是位會計師。最近，我們夫妻生活出了些問題。我開始出現陽痿的跡象，在半數以上的「戰鬥」中經常做著做著就突然「熄火」了，沒有射精就開始疲軟。即使偶爾能射精，時間也非常短，前後不到兩分鐘。到後來，我根本硬不起來，即使勉強塞到裡面，不一會兒也得軟軟地滑出來……

妻子：我今年三十七歲，是位營養師。不知從什麼時候起，在夫妻生活中我只能依靠潤滑劑，因為自己無法「濕潤」。而且我也不喜歡丈夫用手碰我，尤其在做愛過程中，那樣做會讓我覺得噁心，感覺自己像個妓女。

丈夫：我在看A片和手淫的時候卻能正常勃起！我想自己也知道原因，我老婆規定每個星期只有星期天的早晨可以做愛，而且必須是遛完狗、洗完澡、剃完鬍子之後。這對我來說簡直是種折磨，誰做完這些事以後還有「性趣」呢？有一次，我突然「不行了」，然後一次比一次差，直到變成現在這樣。

妻子：一年前他出軌，我後來原諒他，但總覺得有些東西回不去了……

經過了渴望期、喚醒期，性愛小火車一路高歌奔向高潮期。如果這時出了狀況，那就會出現「高潮障礙」，最常見的就是早洩！

「出師未捷身先死」，我想世上不會有比這更遺憾的事了。所以早洩患者絞盡腦汁、想盡辦法延遲射精，比如，在陰莖上塗抹降低敏感性的藥膏、使用多個保險套、不讓性伴侶撫摸他們、在性交之前手淫幾次，甚至做愛時在腦中做複雜的數學題來分散注意力……

這些方法通常沒什麼效果，而且使得性愛彷彿成了一個人的「獨角戲」，而對方則感覺「沒我的事」。來看下面這個故事：

小威和梅梅兩年前結婚，兩人都接近三十歲。婚後沒多久，他們的問題就出現了：小威難以「堅持」到最後！這種情況持續一段時間後，梅梅變得懊惱沮喪，她認為小威在做愛時敷衍她，是不再愛她的表現，卻唯獨沒有想到這會是種病。於是她開始拒絕小威的性要求，藉此發洩自己的不滿。他們的性生活頻率很快由原來的一週三、四次減少到一個月兩次。慢慢地，兩個人的婚姻開始出現裂痕。他們也嘗試著溝通，卻選擇了錯誤的時機——每次失敗的性愛之後。

原本打算心平氣和地交流，卻變成憤怒、指責和淚水。小威總是被指責的一方，可他愈是忍氣吞聲，梅梅就愈被激怒，變得更加氣憤和不安。

其實梅梅不知道，小威一直在背後默默地努力。他買了一種在成人雜誌上看到的延時藥膏，每次做愛前二十分鐘把藥塗在龜頭上；在性交前一天手淫；性交時，他嘗試讓自己的腿部肌肉緊張，並想著一些無關的事情來控制自己的狀態……然而這一切都沒有效，他們的關係降到了谷底，開始走到崩潰的邊緣。

小威的情況，著實令人「扼腕痛惜」，所以我向大家簡單介紹兩種治療早洩的「絕招」！

（一）做做停停法（Stop — Start）

總共分三步驟。

第一步：讓女伴或者自己對自己進行性刺激（方法自選，但不要性交），注意把握好「火候」，在即將射精前立刻停止刺激，然後放鬆下來。此時此刻，集中精力去感受身體的感覺，直到性喚醒徹底消退。然後，多次重複這個過程，反覆練習。如果哪次沒有來得及阻止射精發生，也不要氣餒或者沮喪，就索性享受射精的快感好了。

第二步：第一步訓練成熟以後，這一步可以開始性交了。因為大多數早洩的男性在性交時只採取男上女下的姿勢，抽插短快，很難自己控制射精的時機；所以為了方便治療，這裡請選擇「女上位」，然後保持雙方不動。

這樣做的目的是讓自己適應處於女性陰道中而不射精的感覺。你可以撫摸女伴並與她交流彼此的體驗，慢慢增強性感受。一旦感到馬上要「噴湧而出」時，便立刻要求女伴從身上下來。你要保持冷靜，慢慢消退性衝動，直至恢復平靜。然後重複這個過程，反覆練習。

第三步：終於可以不用再對射精做任何控制了。與第二步一樣，依舊是「女上位」，可以做一些抽插的動作，但注意動作一定要輕柔舒緩，雙方儘量慢慢達到高潮。

（二）死擠法（Squeeze）

讓女伴刺激你的陰莖，達到幾乎勃起的程度。就在此時，請她緊緊地擠壓龜頭與陰莖體相連之處，即扼住陰莖的「喉嚨」，目的是迅速降低你的興奮度。反覆直到你的敏感度達到探進女伴陰道也不「怯場」的程度。

然後，或者停留在體內不動或者緩慢抽插，一旦發現興奮過度便立即拔出陰莖，「全身而退」。重複整個過程。

「做做停停法」和「死擠法」都是為了讓早洩男士能夠掌握自己的興奮度，以便控制射精時機。

六、刀尖上的性：性虐待

《追殺比爾》的「比爾」真的被「殺死」了。二〇〇九年六月四日，男主角大衛・卡拉丁(David Carradine)死於泰國曼谷一家酒店房間內。被發現時，屍體的脖子上套有一根繩子，陰莖上也套有一根繩子，然後兩條繩子綁在一起，吊在衣櫥內。

如出一轍，一九九四年二月，英國議會成員、國防部長的議會私人祕書、四十五歲的史蒂芬・米里根(Stephen Milligan)被發現死於家中的廚房。他全裸的屍體旁有一雙女性長筒襪和一條吊帶裙。他的脖子上環繞著一條鬆緊帶，頭上則套著一個塑膠袋。

他們兩個人都被診斷為死於窒息。

看到這裡，有些人已經猜到了如此詭異的死法背後的真相：自淫性窒息。

所謂「自淫性窒息」就是將參與者吊起來，用塑膠袋或面罩蒙住其頭部，或者劇烈壓迫其胸部，剝奪氧氣的供給——腦部缺氧可以增加性幻想的真實感，並引發非常強烈的性高潮！以上的例子就是在危險的性虐遊戲中玩得太過，不小心失手了。

在追逐性欲滿足和性快樂的道路上，人們能「無所不用其極」，製造出非常手段——性虐。在一定程度上，疼痛是能夠帶來快感的，然而生活中很少有人能恰當地體會這種感覺。性虐就是將痛感與快感巧妙地聯繫在一起，在某種程度上說，性虐其實就是一種「戀痛癖」！

性虐中的痛感有兩個層面，一個是肉體的疼痛（如鞭打），一個是精神的疼痛（如受到羞辱）。所以性虐活動中最常用的兩種手段便是鞭打和捆綁。同時性虐也分為性施虐和性受虐：能透過給對方施加痛苦和羞辱得到性滿足的，就是性施虐；能透過承受痛苦和羞辱來得到性滿足的，便是性受虐。以下看幾個性虐的案例。

對於「男性施虐、女性受虐」的情況，大家最為熟悉的莫過於西門慶和潘金蓮了。《金瓶梅》一書提到西門慶得知潘金蓮私通僕人，怒不可遏。因為在他眼裡，既然潘金蓮已與他發生性關係，就應該「性臣服」於他，對他極度依賴順從才是。既然已是他的獨占之物，又豈能再去勾三搭四，於是用「鞭刑」懲罰她。施刑時，西門慶氣急敗壞，手持鞭子厲聲呵斥道：「淫婦，脫了衣裳跪著！」潘金蓮自知理虧，不敢違抗。西門慶揮起鞭子向那「白馥馥香肌」狠抽了一下子。這一打，打出了大男人的威風，打出了大丈夫的氣勢，看到金蓮又驚又嚇又疼痛又嬌羞的反應，西門慶彷彿得到了「性交合」般的滿足……

在虐戀活動中，涉及排泄物的情節最聳人聽聞，也是參與人數最少的。應當說，這是羞辱的極致！因為排泄的方式、排泄物的樣子和氣味都令人極度不適，因此它的羞辱力度最強。這種羞辱是如何與性欲結合起來的，恐怕永遠是個謎。

對於「女性施虐、男性受虐」的情況，應該來聽聽專職虐戀女王Q的故事。女王Q為了提供顧客最好的服務，專門跑去參觀一些城堡和監獄遺址，到那裡的地牢和拷問室尋找靈感。然後，她把「工作室」裝修成這種詭異怪誕的風格，也因此「門庭若市」。

Q侃侃而談：「有的客人只願意跟我講一些故事和場景，但不願意真的去做什麼；橡膠愛好者喜歡看、摸、聞或者穿橡膠服裝；皮革愛好者希望看、摸、聞、穿或者被束縛在皮革服裝中；返童愛好者願意被『媽媽』用嬰兒尿布包裹起來，撲上嬰兒爽身粉，用奶瓶餵奶，或者從我的乳房吮奶；制服愛好者希望穿上某種制服，或者由身穿某種制服的人為他們服務，這些制服包括軍裝、醫生袍、護士服、警察制服等，最受歡迎的是女生校服和女僕服；鞋類愛好者希望膜拜和穿高跟鞋，鞋跟能讓他們變得很興奮……」

儘管有著如此豐富的從業經驗，一些顧客的要求還是會讓她感到奇怪，她說：「有一個人喜歡被槍斃。假裝用槍把他打倒後，我對他說：『你死了，死得徹徹底底！』他就很滿足，也很興奮。」

有時候，根據顧客的不同職業和特殊愛好，Q還會設計具體對話和情節。

她問一位數學家：「1＋1＝？」

「2。」

「不對，是11，你這個笨蛋！」

然後數學家會心甘情願地為他的「錯誤」答案受到鞭打。

還有一位經濟學家要求Q一邊鞭打他，一邊問他：「你喜歡通貨膨脹，是不是？」

後來Q總結出：羞辱是一切祕密的關鍵！

有的顧客希望她提供能刺人的東西，於是Q定做了一種皮帶環，上面鑲滿小針，針尖向內，將它套在陰莖上，勃起愈強烈，針刺得愈深。據客人說，這套設備給他們帶來了「最絕妙而甜蜜的痛苦」。

Q還在實踐中學到了一些她原來不理解的虐戀規則。「有一次，我鞭打一個男人時，他哭了，說：『請別打了，我給妳錢，我把自己想錯了，讓我走吧。』我很同情他，信了他的話就放他走了，因為不管怎麼說，顧客是上帝啊。但是第二天，我在門縫裡收到一封信，是他寫的：『沒想到妳真放我走了，我失望透了，妳不是一個好的女王，完全不專業，我以後再也不會來了！』」

這是一次教訓，從那以後，不管「奴隸」們怎樣放聲尖叫，哀求Q放了他們，她都全都不予理會，繼續狠狠地施虐著……（由於每天有那麼多顧客需要被鞭打，工作量太大，時間久了，Q患上了網球肘的職業病。）

從Q那件「奴隸」因為「女主人」不夠嚴厲而大失所望的事件可以看出，虐戀是一種鬥爭關係——主奴雙方相互挑戰，主人一方並不總是穩操勝券，當主人控制不住局面時，虐戀活動就失敗。日常生活中，人們偶爾也會在性生活中做出類似虐戀的行為，比如用手打對方屁股等，但這不能算是虐戀。真正的虐戀是把虐戀行為當成性生活唯一的內容和滿足方式。

七、性無能的幕後真凶

多年來，大多數人都認為導致性功能障礙的原因只是焦慮。有一個實驗安排幾名年輕且性功能健全的男性，分成三組觀看色情片，但是所有人在觀看前要接受一次手臂電擊，這對身體無害但多少有些痛苦。三組的情況不同，分別是：

第一組，請儘管放心，觀賞的過程不會受到任何打擾。

第二組，要小心哦，你的手臂隨時可能會遭到電擊。

第三組，如果你們比不上第一組人的勃起的水準，就一定會遭到電擊。

實驗結果出來了，因為第三組情況引起的焦慮最嚴重，所以第三組人的表現最差。這與男性在真正的性愛中感到焦慮後的表現一樣。比如上面的案例中，那個「陽痿」的丈夫因為妻子給他們的性愛設定了很多規矩，他對此備感焦慮，導致不舉。

不過，很快就有新的聲音出現，一系列性侵事件。

這些性侵事件中受害者均是男性，他們其中一人事後回憶說：「當時，我受盡了女性犯罪團夥的無情蹂躪！她們把刀架在我的脖子上逼我就範，在貞操和生命面前，我無奈選擇了後者……她們一遍又一遍地折磨我，反覆與我發生性關係。好吧，儘管當時我十分無助又驚恐萬分，但我還是無恥地硬了……」受害者的焦慮程度無疑是很高的，但是受害者仍能順利勃起，所以有人認為焦慮並不是引起性障礙的唯一原因。那麼還有什麼呢？

你聽說過「彈震休克症」嗎？這在戰場上非常常見的症狀，士兵們通常因為極度恐懼而雙腿突然癱瘓，無法移動，但是從戰場上退下來以後，又會奇蹟般恢復，行走自如。這是一種防禦機制，身體「拒絕」這名士兵上戰場送死，就像很多人經歷了巨大的痛苦創傷後「選擇性失憶」。

如此說來，性障礙何嘗不是潛意識裡人們因為恐懼而做出的逃避呢？因為恐懼無法勃起，因為恐懼無法性興奮。比如一個男人，他的母親在他小時候曾經錯誤地制止他正常的性行為；長大後，當他娶了一個女人，潛意識中發現這個女人身上有當年「錯誤」的性行為影子，由於「恐懼」再次被母親責備，他可能對她表現出性冷淡或者性無能。同樣的，一位女性不能享受與丈夫性交的樂趣，因為每當發生性行為時，她父親嚴厲厭惡的表情就會出現在她的腦海裡。後來她偶然間發現，如果丈夫能在做愛前假裝憤怒，「揍」她一頓，她便能過上正常的性生活。她認為懲罰能抵消一切！所以，當她被丈夫打了一頓，認為自己受到應有的懲罰，就不用再擔心父親的不滿和指責。

而某些創傷性事件後也是如此，比如性侵，曾經遭到性侵的女人會對性完全失去興趣，僅僅是跟男性身體的接觸都會令她們感到噁心和恐懼。像前述的例子，凹凹因為曾被叔叔性侵過，導致對丈夫的陰莖感到恐懼。

很多人以為恐懼到了極限會導致四肢癱軟或者喪失意識、口吐白沫，卻不知真正的恐懼極限是攻擊！就像動物做出攻擊行為，多半是因為受到驚嚇。因此，關於「早洩」就有了一種解釋──實際上是男性潛意識裡因為恐懼而產生的一種攻擊行為，弄髒她們的身體，讓女人遭受挫敗，就像感到害怕的章魚噴出一團汙墨一樣。

恐懼是性障礙的另一個原因。

文章一開頭便說過，無性之愛是變態的愛。愛與性互為依託，關係錯綜複雜，很多時候被合在一起稱為「性愛」，如此來說，潛意識的「愛」對於性障礙的發生實在難辭其咎。舉個例子來說吧，一個男子可能愛上別的女人而不自知，因而在妻子面前性無能。而他愛的這個女人也許早已死去，也許只是童年時代的一個偶像、心中的一個影子。

還有一種男人之所以不能愛他的妻子，是因為離不開他的母親。許多男人潛意識裡仍然深深依戀著自己的母親，是年少時「伊底帕斯情結」的延續，即我們常說的「媽寶」。這種男人不能像妻子渴望的那樣，真正把她們當作自己的伴侶，盡到丈夫的責任，充其量只能給她們一種「孩子氣」的愛；所以最適合他們的配偶是那種天生母性氾濫，喜歡扮演母親角色的女人。儘管如此，這樣的婚姻大部分還是不能維持長久。

一些女人深深地愛著自己的父親，以至於不能接受丈夫的性行為。她們可以與丈夫親密相處，相敬如賓……但不管怎麼做，都騙不過自己的潛意識。這些女人不可能對丈夫的性刺激做出正常反應，因為在潛意識裡被視為對自己真正的「初戀」（父親）的不忠！

還有一種「愛」，完勝上面提到的任何一種，那就是對自己的愛！我們都清楚對其他人的愛，比如丈夫、妻子、朋友、兄弟、姐妹、父母等，歸根究柢都源於「自戀」！因為在潛意識裡，人們認為把對自己的愛投出一部分去愛別人是有好處的，能讓自己快樂和有收穫。所以人最愛的是自己，首先愛的是自己，最後愛的還是自己！對於這樣的人來說，無法實現愛的「轉移」——與別人建立真誠而深摯的關係。雖然這種人也會戀愛，但他們愛的是被愛的感覺，因為這種感覺不僅能滿足他們的虛榮心，還能維持可憐的自信。

愛與恨總是這般犬牙交錯、糾纏不清。既然「愛」是性障礙的原因之一，那麼「恨」也是！為什麼人會在潛意識裡「恨」他們自認為深愛著的人呢？理由通常有三個：

第一、復仇

許多人一生都企圖把童年的感受發洩到某個人身上。比如，一位花花公子在童年時被母親遺棄，此後終其一生都以母親對待他的方式來對待別的女人，先讓她們愛上他，然後再無情地拋棄她們。

男人在性生活中的表現也是一樣，先柔情蜜意地喚起女人的性欲，卻在毫無預兆的情況下戛然而止，一「洩」千里。他們十分清楚這樣做會挫敗對方，尤其是看到對方為之歇斯底里、精神恍惚、沮喪憔悴，甚至一邊哭鬧一邊用拳頭捶打他，心中報復的欲望被徹底滿足了。

第二、替別人復仇

潛意識的「恨」的另一個理由（特別是在女性身上），不是為自己復仇，而是為母親復仇。有些女人在孩子還小的時候遭受到丈夫的家庭暴力或者背叛，她們不停地告誡女兒永遠防備和警惕所有男人。女兒目睹了母親的遭遇，便遵從她的「教誨」，長大結婚後，潛意識開始對丈夫「復仇」——拒絕做愛或變得性冷淡。

第三、嫉妒

其實，潛意識裡男人總是嫉妒女人，而女人也總是嫉妒男人，這個理由聽起來有些好笑，但實際上確實如此，且程度遠遠超出一般人想像。在生活與性愛中，某些女性常會有一種想法：我們為什麼不能像男人一樣主宰性愛，主宰這個社會？在這種嫉妒面前，女人除了性冷淡外別無其他洩憤的辦法。另一方面，有些男人也嫉妒著女人，嫉妒她們作為弱勢，經常受到保護，甚至還嫉妒她們有生育孩子的能力。

二十世紀六〇年代末，披頭四的約翰•藍儂(John Lennon)和他的妻子小野洋子在蒙特利爾度蜜月時，曾針對美國對越南的戰爭發起過一場著名的「床上和平運動」——在一家旅館的大床待上整整七天不下床。當時他們著名的口號就是「要做愛，不要作戰！」所以在這篇文章的最後，我想祝各位：「要做愛，不要障礙！」

第5篇

死亡是一生中最大的高潮——臨終者的心情

「生死憂鬱」的患者常常表現得很安靜，不需要或者極少用語言表達。這時，手與手輕輕碰觸，溫柔地梳理病人的頭髮，或者靜靜地坐在他們身邊，便是最好的支持。

一、何時開始恐懼死亡？皮亞傑的「認知發展理論」

很久很久以前，一個年輕的女人生了一個兒子，但是這孩子生來不能走路，很快死去。女人非常悲慟，帶著兒子的屍體挨家挨戶地求人，希望有人給她良藥，將孩子救活。一位老人告訴她：「我給妳指條明路，妳去找這個人，他可以救孩子。」那個人便是佛祖釋迦牟尼。

於是女人去找佛祖，向他討救孩子的藥。佛祖說他的確知道一種藥，但是要她從村裡從來沒死過人的家中，拿一點芥菜種子來配藥才可以。於是，這個女人挨家挨戶找去，但無功而返，因為沒有一個家庭沒死過人。然後她開始思考，終於明白世上所有東西都不是永恆的，最終都會走向消亡。

辦完兒子的葬禮後，女人來找佛祖。佛祖問她：「我要的東西妳找到了嗎？」她說沒有，但是她現在明白了所有人都會死。最後佛祖指著牆上的燈對她說：「所有的生物都和這燈一樣，有生有滅。」

佛語有云：「向死而生。」

人從出生開始，無不趕著奔向死亡的懷抱，沒有生死，也沒有人生。我們都逃不開死神的

（圖 5-1）

追趕，它像一團迷霧，只有兩件事是可以肯定的：一、我們總有一天會死；二、我們不知道何時何地如何死。

正是因為我們不知道何時何地如何死，才不敢正視死亡，就像被人追趕的鴕鳥，把頭埋進沙裡，遮蔽了視線就以為不會被人發現。

從心理學層面來說，人之所以痛苦，是因為無處不在的死亡恐懼。

我們以結識的人、學到的知識、經驗和美好的回憶等，一點一滴建構人生大廈，然而頃刻間，它可能就被死神夷為平地，這事發生在誰身上都無法接受。而我們是從什麼時候開始恐懼死亡的呢？這裡不得不提到一個人——皮亞傑 (Jean Piaget)（圖 5-1）。

皮亞傑是現代最有名的兒童心理學家，他在這個領域裡最經典也最著名的貢獻，就是他的「認知發展理論」。

什麼是認知發展理論？在我們成長的過程中，除了身體發育，思維和認知也在發展。所以皮亞傑將思維和認知的生長情況，按年齡劃分成四個階段：

0～2歲——感知運動階段
2～7歲——前運算思維階段
7～12歲——具體運算思維階段
12～15歲——形式運算思維階段

(一) 感知運動階段

「感知運動階段」時我們還是小嬰兒，整天除了吃就是睡，再者就是咿咿呀呀。這時候跟我們談論生死，簡直跟與植物講哲學沒兩樣。雖然這時無法達到如此高的人生境界，但在這個階段演化出非常重要的「客體永存性」。

什麼是「客體永存性」呢？一般在半歲之前，如果父母把我們單獨留在房間然後離開，我們不會覺得他們在另一個房間，而會認為他們真的「沒了」——從視野消失的東西就不存在。但是半歲以後，我們會慢慢意識到，視野裡不存在的東西也許在現實中還是存在的。我們會用

（圖5-2）

視線追隨著移動物體，當物體消失時，我們會吃驚、會急著尋找——眼不見，心還想。這種能意識到物體看不見並不代表不存在的想法，便是「客體永存性」。

所以即使在年幼階段，一樣東西的消失，或者親人的離世，也會勾起我們心中層層漣漪，儘管只是懵懂。

（二）前運算思維階段

到了「前運算思維階段」，我們的語言能力得到飛速發展，能用一些符號（比如文字和圖形）來表達自己的想法。我們在這階段還有點傻，表現在思維的片面和自我上。為了揭示思維「片面」這個特點，皮亞傑特地做了一個著名的實驗，名字叫「守恆」。

就像上圖5-2，擺在小孩面前的是兩杯同樣多的液體，只不過將其中一杯換了一個細而長的容器來裝，小孩就「糊塗」了。因為他的思維具有片面性，意識不到液體是「守恆」的，只看到高容器中的液體比較高，卻看不到它同時比較細，就說高容器裡的液體更多一點。

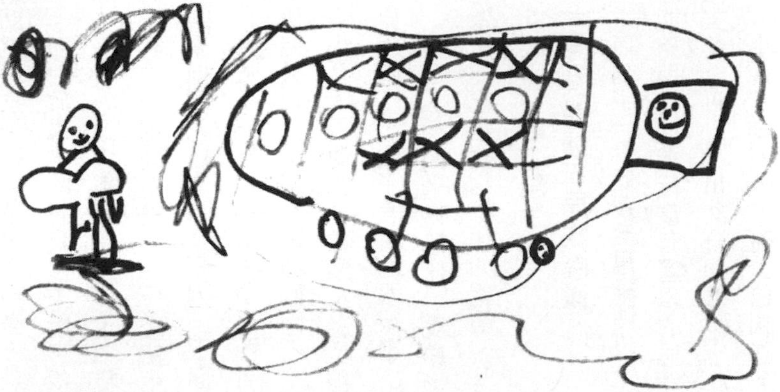

（圖5-3）

正是因為這種片面性，這個階段的小孩關注的是事物的表面和部分，而不能從深層和整體思考。先看一幅畫（圖5-3）：

這是一個五歲兒童目睹自己的弟弟慘死——被卡車碾過了頭部而喪命——所描繪出的當時情景。

他畫出卡車的四個輪子，弟弟的頭畫在最右邊的車輪旁邊。父母問倖免於難的他：「如果在放有弟弟遺體的家裡守夜，你有什麼想法？」他回答：「弟弟看起來是受傷了嗎？他疼嗎？」他畫完這幅畫以後，他還曾跟父母說過：「我睡不著，因為我想不出我的頭的樣子。」

這名兒童的回答反映出，他只能意識到局部的問題（弟弟的頭沒了），卻無法把這與整體（因此導致喪命）聯繫起來。不過，把令人不安的形象透過繪畫形式具體表現出來，對於幫助這個孩子應對創傷性經歷，是具有治療價值的。

而對於思維的自我性來說，這時我們站在自己的角度思考，認為別人的想法應該與自己的想法完全一致，不存在差異，「我思故你在」。曾有一項研究要求孩子們回答跟死亡有關的問題，其中一個問題是：「什麼使生物死去？」處於前運算思維階段的兒童，使用奇幻和自我的思維來推測死亡的現實原因，下面是其中幾個回答：

小A：「當他們吃了壞東西，比如你跟著一個陌生人走，他們讓你吃了一根有毒的棒棒糖。（研究人員問：還有別的原因嗎？）有，如果你吞下一隻蟑螂也會死的。」

小B：「他們吃毒藥、毒品和鎮靜劑，所以最好等媽咪給解藥吃。（研究人員問：還有別的原因嗎？）喝了有毒的水或者一個人去游泳。」

小C：「如果你抓住一隻鳥，牠可能真的生病死去。（研究人員問：還有別的原因嗎？）牠還可能吃錯食物，比如鋁箔。」

（三）具體運算思維階段

而到了「具體運算思維階段」，我們的思維克服了「片面性」，「自我中心」的程度也下降，還能夠用符號進行富有邏輯的思考，比如分類、時間和空間的變通。再被問到：「什麼使生物死去？」可以看出此時的進步：

小A：「刀子、箭、槍和許多東西。你要我告訴你所有的方式嗎？（研究人員道：你儘量說）斧頭和動物，還有火和炸藥也是。」

小B：「癌症、心臟病發作、中毒、槍枝、子彈，或者有人丟下一塊大石頭砸在你頭上。」

小C：「事故、汽車、槍枝或者刀子。年紀大了、生病、吸毒或者淹死。」

（四）形式運算思維階段

我們已經是翩翩少年和纖纖少女了，這時不僅可以進行邏輯思考，更高級的抽象思維也誕生了！抽象思維可以使我們的思維變得更有彈性，也更複雜，能夠對事情提出合理的假設並進行驗證，知道事情有多種可能性……就像在象棋比賽中，棋手不必動棋盤上的「一兵一卒」，就能想出多步複雜的策略，並預見到每一步可能的結果。

如果現在再被問道：「什麼使生物死去？」

小A：「你的意思是身體意義上的死亡？（研究人員道：對）那是我們體內一個生命器官或者生命力的毀滅。」

小B：「他們老了，他們的身體全部磨損，而且他們的器官不再像過去那樣發揮作用了。」

小C：「當心跳停止、血液不再循環的時候，你停止呼吸，那就是死了。」

到了最後階段，我們對死亡的理解已經很成熟了。在青春期之前，對死亡的恐懼都還藏在潛意識深處；而進入青春期以後，死亡的焦慮便大規模爆發。就像蟬的幼蟲在地下潛伏十年左右，終於等到破土而出的那一刻。從此，死亡的恐懼便是人生的背景音樂，直至生命終結。

以下是一位三十二歲的女性在死亡恐懼爆發時的真實描述：

最強烈的感覺來自意識到「我」就要死了，而不是以後那個老去的「我」，或是生病最終才會死去的「我」。

我總是拐彎抹角地想到死，彷彿死亡「馬上」發生而不是「將要」發生。在這種恐慌大爆發的幾週內，我開始比以往更加強烈地想到死，那不再是可能發生的事情，而是註定要發生的事情。好像大夢初醒，看到可怕的真相，再也回不到過去。

我深切地體會到虛無的感覺。

我們所做的一切註定會被遺忘，連整個星球最終都會消失。我想到父母、兄妹、愛人和朋友們的死亡，想到有一天我的腦殼和骨頭脫離身體，不再屬於我。這些想法令我不知所措，我無法相信自己死後會變成某種脫離身體的存在，因此無法用所謂的靈魂不朽來安慰自己。

二、被隱藏的死亡恐懼

跟這位女士直接的表露有所不同的是，有些人非常「害羞」，他們把對死亡的恐懼隱藏在其他症狀背後，你需要用心才能識別。比如以下的情況：

蘇小姐是一名人過中年、循規蹈矩又很能幹的會計師。一天，她找到心理醫生，哭哭啼啼並有些遲疑地講述了自己的故事。原來，她已經成年的兒子小喬，原先有一份很好的工作，也很有責任感，現在卻因為吸毒被關進勒戒所。

蘇小姐已經整整四天哭個不停了，她吃不下，睡不著，更別說上班，這是她二十多年來第一次無法正常工作。一到晚上，她便被頭腦中兒子的可怕下場折磨著——小喬貪婪地從棕色紙袋裡著的瓶子裡吸食毒品，衣衫襤褸，滿嘴爛牙，最終死在水溝旁。

「他會因為吸毒而死的。」

當看到兒子小時候的照片時，蘇小姐幾近崩潰，那時的小喬是個小天使，有著天真的笑容和會說話的大眼睛，更重要的是那時小喬的未來有著無限美好的可能。

「他為什麼要這樣對我？」蘇小姐追問著，「這是一種背叛，他故意破壞我為他安排的人生道路！除此之外還能有別的解釋嗎？難道我沒有給他應有的一切？為了讓他成功，我甚至幫他鋪好人生道路上的每一塊磚！我給他最好的教育，教他學網球、學鋼琴、學騎馬，而他呢？他是怎樣報答我的？如果讓我的朋友們知道了，我會有多丟臉！」想到朋友們的孩子都那麼出色，蘇小姐難掩內心的嫉妒。

針對這些情況，心理醫生提醒了她自己也清楚的事實，比如「兒子將死在陰溝裡」的想法是非理性的，除非大災難爆發，否則基本上是不可能的。

事實上，小喬在戒毒方面取得很大的進步，他已經被允許每個月回家調養一個星期。還有一點值得一提，蘇小姐的丈夫並沒有像她這樣過度關注兒子。

那麼，為什麼小喬成了蘇小姐生活中如此重要的中心呢？

的確，她的兒子當然對她很重要，但好像她的人生完全取決於小喬是否成功。於是心理醫生對她說：「許多父母透過孩子讓自己的生命不朽。」

蘇小姐聽了很感興趣，她也承認曾希望透過兒子來延續自己的生命，不過她現在放棄了這個念頭，因為小喬不能勝任這份重任。

在談話快要結束的時候，心理醫生發現她脖子上有幾圈繃帶，便順口詢問是怎麼回事。蘇小姐說最近剛剛做了頸部拉皮手術並顯得不耐煩，想把話題重新轉到小喬身上。但是心理醫生像抓住了什麼，不想讓機會就這麼溜走，繼續追問：「我想聽聽看，是什麼讓妳決定做美容手術？」

「好吧，我痛恨歲月在我身上留下的痕跡——我的胸部、我的臉，尤其是我鬆弛的脖子。拉皮手術是我給自己的生日禮物。」

「生日？」

「對，上週的六十大壽。」

問題終於浮出了水面，心理醫生接著說：「我認為妳的焦慮部分來自於其他方面，只不過妳的許多焦慮是關於自己的，而不是小喬的。這和妳的六十大壽有關，因為妳意識到自己的衰老和死亡。在妳內心深處一定在思考著一些重要的問題，比如妳今後的生活將如何安排？什麼才是有意義的？尤其在妳意識到小喬不能成為妳的接班人之後，這些問題更加嚴重。」

聽完心理醫生的話，蘇小姐沉思了一會兒，說道：「我還沒想過衰老、時間不等人這些事，但我明白你的意思。剛才的你完全抓住了我的注意力。這是過去的四天裡，我的頭腦沒有被兒子占據的最長一段時間……」

接下來的幾週，心理醫生和蘇小姐更深入地探討她自己的生活而不是小喬的問題，而她對於兒子小喬的焦慮奇蹟般的消失了。

三、死神五部曲

美劇《美國恐怖故事》第二季中，經常會看到這樣一幕，當一個人快要死的時候，他的身邊就會出現一位老嫗——一身黑衣，頭戴黑色面紗，背後展著巨大的黑色翅膀。這個老嫗便是死神。死神來到垂死的人身邊輕喚著他，安撫著他，帶他上路……

在一家醫院裡，一位年近七十的女士罹患子宮頸癌，已經臨近生命終點。她的女兒每天都來探視，兩人的關係似乎很好；但當女兒離開後，她總是孤零零地坐著哭泣。過了很久，人們才知道其中原委：她女兒完全不肯接受她即將死亡的事實，總是鼓勵母親「往積極的方面想」，希望能藉此治好癌症。結果這位女士必須把她的想法、深度恐懼、痛苦和憂傷悶在心裡，沒有人可以分擔，沒有人和她探討這些問題，更沒有人幫助她瞭解生命，發現死亡的意義——沒有人讓她奏響「死神五部曲」。

為了避免上面這位女士的遺憾，接下來介紹死神的五部曲：

（一）對他築起堤防——否認

大多數人在得知自己身患絕症時，第一反應往往是：「不！不是我！這絕對不可能！」這是人們踏上將死之路必須要經歷的第一步。

當現實的情況太糟糕，超出我們的承受範圍，我們便會本能地「否認」，堅稱已經發生的事實不是自己親眼看見的那樣，拒絕接受。就像丈夫被妻子拋棄以後，還繼續在餐桌上為妻子留位子，堅信她隨時會回到自己身邊。相較之下，與其承認被妻子拋棄這個事實，選擇「不相信」妻子真的離開讓他感到舒服一些。

在這個過程中，「否認」的程度會慢慢降低，這位男性會慢慢接受妻子再也不會回來的現實。「否認」為人們提供了一個心理緩衝區，才不至於在面對突如其來的噩耗時被擊垮。這也可以解釋一個人為什麼一天抽兩包菸，卻不擔心健康問題，因為他們否認香菸對自己造成傷害，或者否認自己想活得長久和健康。

很多絕症患者在得知病情時說：「一定是誤診！」或者說：「檢查報告寫錯了名字！」當這些假設被一一否定後，患者會立刻要求出院，遍訪名醫，一遍一遍重複做著相同的檢查，希望從其他醫生得到「正確」的解釋。有些人甚至選擇「否定」到底，直至生命終結。就像以下的故事：

這位病人是個孑然一身的中年婦女，患有明顯的潰瘍性乳腺癌，卻拒絕面對。她的身體每況愈下，不得不接受生病的事實，最終還是住院接受治療。手術前，她跟身邊的人說：「只是個小手術，不過是切掉傷口的一小部分，這樣才能讓它恢復。」她還表示只希望瞭解手術的細節，而不是傷口的情況。她拒絕與醫護人員溝通，因為害怕他們談到癌症惡化的情況，從而摧垮她的心理防線。

隨著身體狀況的惡化，她的化妝也愈發古怪。一開始只是偶爾抹點口紅，後來妝容愈來愈豔麗，直到整張臉變得像小丑。她的穿著也同樣隨著死亡逼近愈來愈鮮豔奪目。她盡可能不照鏡子，但仍然堅持濃妝豔抹，彷彿這樣就能掩蓋日益增添的憂愁和迅速枯萎的外表。問她是否需要幫助時，她總是回答：「明天再來吧。」刻意迴避自己來日不多的現實。「我想我再也堅持不住了。」這是她的臨終遺言，不到一個小時，她就離開了人世。

我們要瞭解這種「否認」心理，首先得知道病人的需要是什麼，他們不想放棄的是什麼，他們性格中的優勢和弱點是什麼，然後透過交談和察言觀色來判斷病人在某一階段對現實的接受程度，再一點一點滲透。

有的病人不接受現實，其實是不接受家人或者周圍人對他「早死早了」的態度，或者不接受剛剛開始享受孩子們帶來的快樂就要離開人世的遺憾。靜靜的陪伴和守候，適當的傾聽和理解，給他們時間，讓他們從最初的不安和痛苦中解脫出來，不失為最好的方式。

大部分絕症病人並不固執，當修築好對死亡的心理防線之後，他們就會撤下「否認」這個保護罩，進而步入下一個樂章。

（二）為什麼該死的不是其他人——憤怒

你以為度過了最初的「否認」階段，最難的日子就過去了？其實真正的「狂風暴雨」還未來到。當否認無濟於事，憤怒、狂躁、嫉妒和怨恨便隨即出現。這時候，病人會自然地想到一個問題：「為什麼會是我？」

一位得知罹患肺癌末期的年輕患者說：「我想所有處在我的位置的人都會看著其他人想：『為什麼不是他呢？』有一次在街上看到一個我從小就認識的老先生，他今年已經八十二歲，在常人眼裡已經老得不中用了。他有風濕病，走路一瘸一拐，整個人蓬頭垢面，是你無論如何也不想變成的樣子。為什麼患絕症的不是他呢？」

跟否認階段比起來，憤怒階段的病人更難對付。因為此時他們心中的憤怒就像一頭困獸，四處亂撞，逮誰咬誰。醫生此時在他們眼中成了十足的廢物，「他們根本就不知道應該檢查什麼、開什麼藥，總是對病人草草應付了事，不考慮病人為看病付出的高昂費用。」護士們更容易成為發難的靶子，被批得一無是處。

這個時期，病人對來探望的家屬也沒有好臉色，不歡迎他們來，見面成了對彼此的折磨。患者家屬們滿臉愁容，眼淚汪汪，或滿腹愧疚，不斷自責，又或者盡可能不來探望，但這樣做只會讓病人感到更加憤怒和不安，形成惡性循環。

病人憤怒背後的根源是什麼呢？

假如我們自己的生活被突如其來的災難打亂，假如由我們一點一滴搭建的人生大廈頃刻化為烏有，假如我們捧著辛辛苦苦掙來的錢正準備退休、周遊世界，卻發現這一切與自己無緣，那麼我們一定也會「怒不可遏」。如果不拿那些可能享受到這一切的人來出氣，又怎能安撫自己狂躁的內心呢？

「我就是見不得別人好！把你換作我來試試看啊？」

在這個時期，病人目睹、接觸的一切事物都為他們帶來痛苦。他們打開電視，看見一群快樂的人在跳舞，這讓他們非常憤怒，因為他們現在舉步維艱，每動一下都痛苦不堪。他們看到戰爭片裡有人被無情地射殺，而冷漠的旁觀者卻在一邊盡情地喝酒，他們馬上會聯想到家人和醫護人員……點點滴滴都是痛。

這時候，病人內心歇斯底里地吶喊著：「別忘了，我還活著！你們能聽到我的聲音嗎？我還沒死呢！」

下面這段對話發生在一位罹患淋巴癌的張女士去世前三個月，我們可以看出她面對死亡時的憤怒。

張女士住院的時候，有一個「愛好」就是串門子，尤其愛探訪那些病情嚴重的病人。她會詢問這些病人的需要，然後要求護士立刻滿足病人的要求。護士對她這種「多管閒事」的做法深惡痛絕，但礙於她也重病纏身，因此敢怒不敢言，唯一的對策是「三十六計，躲為上計」，減少跟她見面的機會。但愈是這樣，張女士就愈起勁，鬧到最後沒有辦法，醫院方面特地派出一名醫生來跟她溝通。

醫生：「妳為什麼要這麼做？是別人沒有注意到妳，妳感到憤憤不平，還是覺得別人不關心妳？」

張女士：「其實這不完全與我個人有關。我只是覺得她們（護士）沒經歷過，所以根本不懂得疼痛是什麼。」

醫生：「妳感觸最深的是疼痛嗎？」

張女士：「當然了！虧你還是醫生！我最見不得那些護士想盡辦法不給癌症病人用止痛劑，美其名是怕他們上癮。要知道那些人根本就活不了多長時間了，哪還有什麼機會上癮？癌症病人有權利使用那些止痛藥物，因為吃不下、睡不著，疼痛就是活著的全部。打了針至少能放鬆下來，還能享受一下生活，你還能說話，還沒死。否則，就只能像狗一樣，祈求有人憐憫你，幫你解除病痛。」

醫生：「從妳來到這裡一直這樣覺得嗎？」

張女士：「我起初認為只有某個護士有這樣的問題，後來發現她們每個人都這樣，沆瀣一氣，缺乏對病人疼痛的尊重。我本來以為她們太忙了，後來卻發現她們常常聚在一起聊天或是休息，太讓人氣憤了！有時她們跑去休息，病人就只能大汗淋漓地疼上半個小時，等到她們回來。她們回來後也不會馬上檢查哪個病人需要吃藥。」

醫生：「那妳覺得她們該怎麼做？」

張女士：「她們就不應該休息！」

……

此後醫院每天派出一名工作人員來跟她聊天一會兒，張女士每天在固定的時間裡「喋喋不休」一番。但是其他時候，她再也不串門子，也不騷擾護士了。慢慢地，她展現出自己的另一面：一個熱心腸、有愛心、情感豐富的女人。在她彌留之際，愈來愈多護士去看望她，陪伴她走完最後的路……

這個例子其實也充分說明了，面對病人的種種合理或者不合理的憤怒，醫護人員的寬容是多麼重要！只有學會聆聽病人的訴說，接受他們的憤怒，讓他們把痛苦的情緒宣洩出來，他們才能平靜地面對死亡到來。

（三）跟上天好好商量——討價還價

儘管這一步鮮為人知，卻真實存在，而且還充分顯現出了人性中孩子氣的可愛一面。病人從一開始無法接受令人痛苦的事實，到把怒氣發洩在別人或者老天爺身上，接下來就會想到「能不能跟上天好好商量商量，也許祂會寬限一下，推遲死期？」

這是小孩子向大人提出請求時常用的辦法。小孩子想去朋友家過夜，如果得到的回答是「不行」，那麼他們可能會氣得不理人。但是同時，他們心中也會重新盤算，想其他辦法，比如自告奮勇為家裡做點兒事。然後他們會跟大人說：「看我表現得這麼乖，能不能同意讓我去呢？」大人們確實可能心一軟就答應了。

末期的絕症病人用的也是這種邏輯。

有一個口腔癌末期患者是唱歌劇的，她「暗地裡」跟上天達成一種協定：「這樣吧，老天，我最後再開一場告別演唱會，就從此封嗓，再也不唱歌了。你看在我放棄職業生涯的分上，再讓我多活幾年，好嗎？」而現實情況是癌細胞的侵襲讓她的下顎和臉部發生嚴重畸變，不可能再登臺演唱了。但是，為了表示放棄摯愛的堅定決心，她在醫院內把病友們召集在一起，當眾演講，算是最後的演出。她講述了她的一生、她的成功與失敗……她想用「忍痛割愛」的形式來跟上天討價還價：「看吧，我放棄了自己的歌唱事業，你總得補償點兒什麼給我吧？」

「討價還價」是病人自欺欺人的安慰，所以持續的時間不會太長，幾乎沒有病人會真的履行當時許下的「承諾」。他們就像是孩子在說：「你答應了我，我就再也不和姐姐打架了。」毫無疑問，這孩子一定會再跟姐姐打架，而那個唱歌劇的病人也一定會試圖繼續演唱，她在牙齒被拔光之前悄悄離開醫院，因為她無法忍受不能表演的生活。

倒是在平時生活中，很多健康的人卻「老老實實」地履行跟老天討價還價中許下的承諾，比如，「我再也不吃肉了，你讓我生病的狗多活幾年吧！」

（四）請給他們溫柔而安靜的支持——憂鬱

今年四十歲的李女士剛被提升為公司副總經理。正春風得意之時，造化弄人，不久前發現陰唇上有一顆黑痣，後來被確診為惡性程度很高的黑色素瘤。隨後做了局部切除手術，但是腹股溝淋巴已經轉移。醫生告訴她沒有可能徹底控制，可以試試做幾次化療，但是意義不大。來探視她的親友發現本來開朗、熱情的李女士變得沉默不語，顯得虛弱，夜裡經常失眠，需要服用安眠藥才能入睡……精神科經過會診後認為李女士患了憂鬱症。

末期的病人對自己的病情再也無法否認，無力怒火沖天，更無法置身事外、討價還價，取而代之的將是強烈的失落感——憂鬱。每個垂死之人都有屬於自己的憂鬱：得了乳腺癌的女人擔心切除乳房後身材走樣；患了子宮癌的覺得自己不再是個女人；長期的治療是個無底洞，多少人傾家蕩產；長期生病不能工作，甚至生活不能自理，家庭怎麼支撐，老人怎麼照顧，孩子怎麼撫養？

我們把這些憂鬱看成是因「遭遇」引起的，它不難理解。面對這種病人，我們的第一反應通常是想讓他們高興起來，勸慰他們凡事多看看光明的一面，「乳房沒有了不是還有乳房修復術，乳房修復術不行，還有假乳」，不要總盯著陰暗面，不要失去希望。

其實，這麼做多半也為了我們自己，因為沒有人能夠長時間忍受對著一張臭臉，情緒是會傳染的。

但是，人們往往忽略了，病人在等待與世界永別的過程中所產生的悲傷——生死憂鬱。要消除這種憂鬱，鼓勵和安慰顯得蒼白無力又不合時宜：鼓勵他們多看看事物光明的一面，等於是說「考慮死亡問題是錯誤的」。告訴他們不要那麼傷心，就更像故意跟他們作對。我們哪怕失去一位泛泛之交都難免會傷心，對病人而言，他失去的是生命裡深愛的每一樣東西和每一個人，是「生人作死別」！這個時候，他們愈是能盡情發洩和表達悲傷，反而愈容易接受死亡。

一般憂鬱的病人有較強的溝通欲望，對他們來說，你需要保持交流的熱情，並找到恰當的對話方式。但是「生死憂鬱」不同，它更需要心靈交流，所以「生死憂鬱」的患者常常表現得很安靜，不需要或者極少用語言表達。這時，手與手輕輕碰觸，溫柔地梳理病人的頭髮，或者靜靜地坐在他們身邊，便是最好的支持。過多的探望和試圖讓他們「high」起來的做法，只會擾亂他們的心緒，適得其反。

（五）死亡是最後的解脫——接受

如果一個病人有足夠的時間（不是猝死），並且得到了幫助，那麼他最終會進入臨死前的最後一步——接受。他們好像用盡了生命中最後的情感，那些對活著的人、健康的人或者不必早逝的人的妒忌和憤怒，那些對眾多精采事物的不捨和遺憾，那些糾結與崩潰……早已成了明日黃花。

此刻在他們心中已經為自己舉行了葬禮，悼念完畢，剩下便是默默等待離去的那一刻。就像電影《班傑明的奇幻旅程》裡說：「有時事與願違，你大可以像瘋狗一樣咆哮，怨天尤人，詛咒命運，悔不當初……但走到最後一刻，還是不得不安靜地放手歸去……」

接受並不意味著幸福，此時病人幾乎已經沒有感覺。他們找到了安寧，對一切事物失去了興趣。他們希望單獨待著，不想被外界打擾。他們不希望有人來探望，無聲的交流替代了語言。對病人來說，一次握手，一個眼神，或者只是靜靜地靠在枕頭上，比許多「嘰嘰喳喳」的話更有意義。

但是，有時會出現一種矛盾的狀況，末期病人明明已經走到最後的接受階段，但是他們的家屬和醫護人員卻鼓勵他們抗爭下去。有的患者家屬還會說：「如果你放棄了治療，就是自私！你對不起我們！」

那麼，我們怎樣才能知道某個病人是過早放棄了自己，還是真正步入了最後的接受階段？要知道，對於過早放棄自己的病人，透過振作精神和藉助醫療手段是可以延長生命的，但對於真正步入接受階段的人來說，任何錯誤的努力只會帶給他們一段痛苦的死亡經歷。在下面的案例中，你也許能找到答案：

王太太，五十八歲，腹部長了惡性腫瘤，痛苦不堪。在疾病面前，她表現得很勇敢，很少抱怨。在周圍人眼中，她也是出了名的樂觀與鎮定。但是在癌症復發入院後不久，王太太突然變得跟以前大不一樣，出人意料地消沉，幾乎把自己隔絕起來。醫護人員便給她安排了心理治療。心理醫生在X光室外一張擔架上找到了蜷縮成一團的王太太。她剛做完檢查，覺得非常不舒服，背部疼得厲害。她跟心理醫生說：「我需要上廁所。」當心理醫生提出扶她去時，她又突然說：「不用了，我沒穿鞋，還是先回病房吧，我自己能去。」

與此同時，醫院的另一個房間裡，王太太的先生和一群醫生正在開一場關於王太太病情的討論會。他們商量著再動一次手術，也許可能延長她的壽命。王先生不能接受失去妻子的現實，他懇請醫生不惜一切代價扭轉局勢，決定下一週實施手術。

聽到這個消息，王太太的身體迅速垮了下來。就在一夜之間，她需要增加一倍的藥量才能止疼。她變得煩躁不安，不斷地尋求幫助，常常剛打完針就要吃藥。可是她無力拒絕這次手術，隨著手術臨近，她變得愈來愈緊張。最終在手術室裡，她「發瘋」了，表現出強烈的精神錯亂，說自己遭到了迫害，開始大喊大叫，手術也因此不得不取消。

分析這個案例，我們可以從一開始王太太跟心理醫生說的那句話開始。「不用了，我沒穿鞋，還是先回病房吧，我自己能去。」這番簡短的話告訴我們她的需要：盡可能保持她的自尊和理解她的願望。

後來，她與心理醫生的談話也進一步證實了這一點。王太太說：「我認為自己的婚姻是幸福的、有意義的，基本上沒有什麼缺憾。我希望自己能靜靜地離去，不要有人來打擾，即使他（指丈夫）也最好少來。我現在活著的唯一理由就是他還不能接受我將離去的事實。我氣他不肯面對，我願意也已經準備好面對死亡，他卻不顧一切地緊緊抓住我，不放我走！」

面對幾近絕望的家人，患者通常不會直接說出這樣的話。可是他們行為上的一些變化，卻能反映出內心真實的想法。比如王太太一反常態地表現出消沉和手術前的焦躁不安，當然還有她在手術前的「奮力一擊」。

面對這樣的結果，王先生愣住了，他本來夢想著手術能讓他們重新回到多年來一直幸福甜蜜的生活，可是現在美夢支離破碎，王太太刻意疏遠他，最後還做出這樣的舉動。當被問到「你知道你太太的願望是什麼」時，他突然沉默了，開始意識到自己從來沒想過妻子的願望是什麼，而是想當然耳地認為兩人的願望是一致的。

他無法理解末期病人會進入一種接受狀態，在這種狀態下，死亡已被視為巨大的解脫。「愛是放手」，如果我們能允許並幫助病人逐漸離開那些他們曾經熱愛和留戀的人和事，他們就能輕鬆地離開人世。塵歸塵，土歸土，善始善終，人生的旅途就此結束。

四、死亡是真理的時刻

這是兩年前的事情，那時候我剛滿十九歲。一天晚上，我駕車送朋友回家。經過市中心的十字路口時，我停下車看了看兩邊，沒有發現任何車輛。緊接著，一道刺目的白光進入我的視線，一輛汽車開著頭燈呼嘯而至。我聽到一聲巨響，車的一側被來車狠狠地撞上，我立刻感到自己穿越一片黑暗，一個封閉的空間。然後，我發現自己飄浮到離地面兩公尺的地方，離事發地點四公尺左右，這時碰撞的回聲才剛剛消失。我看到一些人擠在車邊，我的朋友被從車裡拉了出來，他還是一臉驚詫的樣子。我看到了自己的身體，那種感覺很奇怪，就像是無意識地看著一大堆人，突然發現裡面有自己。那些人努力地想把我從破碎的汽車裡拖出來，而我的兩條腿都已折斷，浸在一片血泊中……

以上是一段瀕死體驗，發生在一場當事人幾乎喪命的車禍中。接下來，還有一段近乎溺斃的意外：

伴隨著一聲巨響，我經過一條黑暗的狹長地帶，所有童年的思緒、人生的經歷都出現在這段通道的末端，在我面前閃爍。它們不是往常所說的圖像，更像是思緒。我不能準確地描述出來，但它們就是在那裡一閃一滅，包括了所有事情，我想到了我的母親，想到我做錯的事情。我後悔當時不該那麼做，我希望能回到過去，改變這一切……

很多人在鬼門關走過一回，人生有煥然一新的質變，這也可以解釋「不能殺死你的，終將使你變得強大」，因為死亡讓人們「覺醒」！

沒有被真正的死亡「當頭棒喝」過，人們總習慣處於「假死」狀態，按照固定的模式，行屍走肉般活著，接受教育，然後找個工作，結婚生子，買房子，在事業上出人頭地，夢想有幢靠海別墅或第二輛車子，假日和朋友出遊，然後準備退休。我們的生活單調、瑣碎、重複，把感情和精力浪費在芝麻大小的瑣事上，有些人面臨的最大煩惱甚至是下一頓吃什麼和明天穿什麼衣服？很少有人問自己：「你這輩子做了些什麼？什麼對你是有意義的？你為他人做了什麼？」

即使有人在某個午夜失眠或者清晨驚醒，能偶爾思考到這些問題，那麼下一秒的想法，恐怕就是「以後再說吧」。你為何不為所動、一拖再拖呢？——每一個原子的互動都包含原來粒子的毀滅和新粒子的產生。一年四季、天氣、時間、閱讀這本書時屋內的光線、走在街上擦身而過的人……還有我們自己、我們做過的一切事情、我們去過的地方、曾經的信念……哪一樣不正在改變呢？我們能真正擁有什麼？

下一秒可能是最後一秒，不要等到死亡真正降臨才去審視它的模樣。如果不想一輩子被死亡的恐懼糾纏不休，不想在生命的最後時刻想起一生中後悔的事，那麼，還等什麼？善待當下！

第6篇

同志style——同性戀

醫院治不了同性戀，因為它根本不是病。
你滅或者不滅，我就在這裡，不增不減，
同性戀的存在就是人類生物多樣性的表現。

最近我看了一部電影《自由大道》，然後翻出旅行時拍的一張照片，一對比才發現，原來照片中的地方就是電影的拍攝地。該電影是紀錄片，正是真實事件的發生地了！我很興奮，於是向大家獻上我的「傑作」。

這部電影講的是美國同性戀政治家哈維．米爾克（Harvey Milk）一生的傳奇寫照，他曾被美國《時代》雜誌選入二十世紀最具影響一百人，他為爭取同性戀者的合法權益而從政，最終被保守派刺殺身亡。

在二〇〇九年奧斯卡頒獎典禮上，《自由大道》獲得了最佳男主角和最佳原創劇本兩項榮譽。我的照片就拍攝於美國舊金山著名的同性戀區——Castro。

去Castro之前，我和同性戀者基本是零接觸，因為身邊的「同志」們潛伏得實在太深了。在Castro停留了幾日後，我才和同性戀者有了短暫而膚淺的交流，因為很多商場和專賣店的店員都是同性戀者。他們熱情可愛，穿著豔麗，舉止張揚，有「雌雄同體」的美，並且非常聰明有趣，經常舞動著身軀「飛」遍全場，給我留下了非常好的印象。

在舊金山時，有天晚上因為吃得太飽，我跑到街上逛。當我回到住處時，朋友看到我能安全歸來，表示「欣慰」，對我說：「市中心晚上到處都是流浪漢和吸毒者，治安很不好，妳這樣做太危險了！」

我好奇地問：「因為舊金山是同性戀城市的緣故嗎？」

「妳說錯了，相反的，同性戀區比起其他地方，治安情況還是比較好的，因為那裡到處都是『充滿愛的男人』！」

如果以上只是笑談，無從考證，那麼在古希臘的戰場上，斯巴達的軍隊確實是因為士兵的這種「同性之愛」贏得了不少戰爭。一小群彼此相愛的士兵並肩作戰，可以擊潰一支龐大軍隊。每個士兵都被「愛神」附體，他們寧願戰死也不願讓「愛人」看到自己丟盔棄甲的狼狽樣。這是每個陷入愛河的人都要維護的尊嚴，在這種情況下，最弱小和膽怯的男人也暫態變得「高大威猛」，充滿力量！

除了古希臘，在日本封建時代，佛教徒之間也有一種特殊關係：一個年長的僧人帶著一個年輕的僧人修行，年長的僧人作為師傅，給予年輕僧人指導與保護，而年輕僧人則以愛和獻身作為回報。

在中國的漫長歷史中，也早有關於同性戀的正史和野史：漢文帝不惜付出富可敵國的財富，也要抱得「美漢」鄧通歸；《紅樓夢》和《金瓶梅》也都有對同性戀的描寫。

近來又有動物學家研究發現，許多靈長類動物，如獼猴、狒狒、黑猩猩等，都有同性性行為。這麼說同性戀還真是無時不在，無處不在。

生物有繁衍的需要，這與同性戀的行為是相違背的。還有女性懷孕時，會有沒緣由而自然流產的情況，那可能是因為胚胎本身有缺陷，因而物競天擇，優勝劣汰。所以從進化論的角度來說，任何能降低生殖成功率的傾向，都應該在自然選擇中被淘汰！

然而在人類如此漫長的進化過程中，為什麼沒有淘汰同性戀？

如果說存在即合理，你又對同性戀瞭解多少呢？

不如我們先從同性戀的起因說起。

一、什麼讓你變得與眾不同？

為了瞭解這個問題，各路人馬聚集開了「起因大會」，吵吵嚷嚷到最後，總共分成兩大派：先天派和後天派。先天派的成員有遺傳基因、激素、大腦結構等，後天派則包括心理因素、社會因素等。

這是講心理學的書，所以主要還是來談心理因素，我選出精神分析主義和行為主義，看它們是如何解釋同性戀。

先來說精神分析主義。

在前文介紹變態連環殺手時，曾簡單地提過「人格發展的心理性欲階段」，現在來詳細說明。

佛洛伊德把人的本能分為兩大類：生或性的本能叫作 Libido；死的本能叫作 Thanatos。「人格發展的心理性欲階段」就是人從小到大的 Libido 能量不是固定在身體的某一處一成不變的，而是隨著年齡增長跑遍全身，它跑到哪裡，這個階段就以所在器官的名字來命名，比如口腔期、肛門期……

但是 Libido 每到一處都有所圖——需要在那裡得到性欲的滿足，並製造麻煩，要是不把它伺候好，「請神容易送神難」，它就在此長住不走了！

「人往高處走，水往低處流」，Libido 每到一個地方都有比上一個地方更成熟的性滿足方式，如果讓它滯留在某一位置不動，後果是慘痛的：你只能永遠靠低級的方式來滿足自己的性欲。

以下就來具體說明會有多麼慘痛。

口腔期

在我們出生到十八個月大時，Libido 主要集中在嘴上，觀察嬰兒就會發現，他們的嘴有多忙，無論拿到什麼新東西，哪怕是大人的臭襪子，也總是先將其放進嘴裡……這一階段能夠「惹惱」Libido 的做法非常簡單，就是讓嬰兒「斷奶」，讓他們的嘴離開乳頭、奶瓶和可以吮吸的物體。嬰兒頓時失去所依，便會嗷嗷大哭起來，因為他們害怕被遺棄。

Libido 停滯在這一階段的後果是，成年以後仍然依賴「口唇」來滿足快感：比如無節制地吃東西、吸菸、嘮叨、咬指甲、咬指頭、咬鉛筆……甚至嗑藥。

而在心理上，Libido 停滯在口唇期的人會過於依賴別人，因為他們始終感覺自己還是個嬰兒，需要被縱容、養育、照料，希望別人替自己做決定。

如果在十八個月到三歲之間，一切都「順由 Libido 心意」，Libido 就會從嘴部「乾坤大挪移」到「菊花」上。這時候，便便就是滿足性欲的方式。父母可以透過訓練兒童排便同時訓練他們的自理和自控能力。

如果 Libido 停滯在這個階段，就說明兒童沒有訓練出良好的自我控制，那麼他們長大後會出現兩個極端：可能很懶散、骯髒，或是有潔癖、強迫症和過於死板。

性器期

性器期（重點來了！）在三到五歲時，Libido 又從「菊花」跑到了性器官上。這個時期，有的人會突然發現自己有陰莖，有的人發現自己沒有，我們滿足性欲的方式不再靠嘴、「菊花」，而是可以用真正的性器官了——透過觸摸生殖器來產生快感。這時的性欲物件也由奶嘴、便便，轉向離自己最親近的人——父母，即小男孩愛上了母親，小女孩愛上了父親。這時兒童感受到的不只是父母與子女的血緣感情，還有愛情。當然，這一切都是潛意識！

對於小男孩來說，他們渴望自己的母親，並想和母親發生關係，但是父親的存在對他們是障礙，而且還吸引了母親的注意力，所以父親算是他們的競爭對手。

這個時期 Libido 給小男孩帶來的麻煩就是「伊底帕斯情結」。伊底帕斯是古希臘神話中的人物，他在不知情的情況下殺了自己的父親，娶了自己的母親，因此「伊底帕斯情結」也叫作「戀母情結」，是小男孩想要除掉父親、獨占母親的潛意識願望。

小男孩想要毆打父親，將其趕出家門，甚至弄死他，但是他們也知道自己遠不是高大強健的父親的對手。所以他們變得害怕父親，總擔心父親會先發制人，割掉他們的小雞雞，這樣他們就不能對母親有任何「非分之想」了，這種對失去陰莖的恐懼就是「閹割焦慮」。於是小男孩最大的願望就是變得像占有媽媽的人那樣，即他們的爸爸。當小男孩開始變得像父親的時候，就是男性角色開始形成的時候——be a man！

對於小女孩來說，情況有同有異，她們也把問題的焦點集中在「陰莖」上，但實際上她們沒有陰莖，所以渴望也嫉妒父親有陰莖，這就是所謂的「陰莖崇拜」。而不同之處在於小女孩沒有必要像男孩害怕父親那樣害怕母親，相反，她們會因為自己沒有陰莖而責備母親。這個時期，小女孩遭遇的困惑就是「厄勒克特拉情結」，即「戀父情結」。厄勒克特拉也是古希臘神話中的人物，她確信母親謀殺了父親之後，和哥哥把母親殺死了。

如果性器期沒有順利度過會怎樣？這也是我想說的關鍵，同性戀的成因之一：戀母情結衝突。

我們都知道在一個家庭中，雙親健在與否是很重要的。如果童年缺少一個強有力的父親，當小男孩發生「戀母情結」時，便沒有榜樣和效仿的對象，所以他會非常無助和混亂。現實中和意識裡，他不可以真的「愛」上自己的媽媽，只能自己模仿母親，然後以自己為性物件，相當於自戀。他們找與自己相仿的男性來愛，如同「愛」自己的母親；而且，很多同性戀者的母親對兒子也有「過度」的愛——兒子是她的全部，能取代老公成為她心中唯一的愛。

有的家庭中即便有父親存在，也「形同虛設」。這樣的家庭裡，夫妻關係是畸形的：母親往往是女王、是統治者，而父親膽小懦弱，沒有話語權，對妻子唯命是從；母親很吸引人，而父親面目可憎。如果這時母親再把更多專橫用到小男孩身上，那情況就更嚴重了：母親不鼓勵兒子 be a man，同時也不允許兒子對異性產生興趣，除非是對她自己。小男孩沒有好的男性形象可供模仿，這對他的童年是致命打擊。

以下是幾個「同志」的口述：

男1：在家裡，我母親當家，處於領導的地位。我很小的時候，父母經常打架，而我總是站在母親這一邊。

男2：年輕時，有件事可能影響了我。那時我十六、七歲，已經懂得一些性方面的事，父母是四、五十歲。有一天晚上睡覺，我聽見父母為房事吵架。父親求母親，母親很反感地說：「你想讓我死嗎？」我當時對父親很失望，也非常恨他，覺得父親欺負母親。現在我不會這麼想了，但當時印象很深刻。

男3：我父親是工程師，母親是教師。父母很晚才結婚，所以很晚才有了我。我父親結婚時快四十歲，他交過很多女朋友，但我奶奶都看不上，不同意。我奶奶很嚴厲，把我父親教得很沒主見，不太懂得如何生活。說實話，我看不起他，我覺得母親比父親強多了。

初戀是一生中最難忘的，一個人最初認識的人（媽媽、爸爸）最親密，最初學會的語言最難忘記（母語和方言），那麼最初的性經驗呢？也是極其重要的。如果發生在同性之間，就可能終身同性戀。

一入同門深似海，從此異性是路人。這個說法可以用行為主義的條件反射來解釋：「人生總免不了最初的一陣痛。」首次性經驗對人的影響是非常深刻的，當事人可能將性快感與同性對象緊密聯繫在一起，形成條件反射。尤其當事人年紀愈小，愈沒有全面判斷人生的經驗和能力，愈沒有其他情況可以比較，容易被同性性經驗先入為主，認定性關係只能發生在同性之間。

我上中學的時候曾經追求過女孩，但是沒有發生性行為。後來，因為偶然的機會，有過一次同性的性經歷，這是我的「第一次」。事後雖然一再克制自己，卻又難以忘懷。壓抑了四、五年之後，內心的渴望完全沒有降低，就開始同性戀的生活方式。現在，我已經完全陷在裡面，不能自拔。

前文出現過班杜拉的「替代性學習」，說明靠觀察榜樣的行為學習，近朱者赤，近墨者黑。這樣說來，長期在封閉的環境待久了，就不自覺地被周圍人的做法「傳染」。尤其是在那些完全與異性隔離的地方，比如監獄、軍隊、精神病院、男子或女子學校、遠洋輪船等。

二、認真你就輸了？

同性情侶之間是怎樣相處的呢？先看下面的詩：

（一）一樣纏綿

上邪！
我欲與君相知，長命無絕衰。
山無陵，江水為竭，
冬雷震震，夏雨雪，
天地合，乃敢與君絕。

這首詩把男女間海枯石爛、至死不渝的情感，描繪得出神入化，力透紙背，但是用它來形容同性戀者之間的愛情，也絲毫沒有違和感！同性戀的感情生活與異性戀的愛情相比，從形式、內容、熱烈和真摯的程度都一樣！唯一的區別只是戀愛對象是同性，來看看一位同性戀者對感情的講述：

那年我愛上一個人，愛得神魂顛倒，死去活來。我們曾經有三個月的時間，每星期都有三、四天住在一起。我愛他，他也愛我。他有一個女朋友，但對她是逢場作戲。雖然我們有海誓山盟，但後來感情還是出現了裂痕，我懷疑他有外遇。我跟蹤了他，到他家門前守候，發現他夜不歸宿和別的男朋友在一起。

我對他說：「我對你動了真感情，你不能拿我的感情開玩笑。」我當時真想去把他男朋友家砸了。

在追求真愛這一點上，同性戀與異性戀的悲歡離合一樣纏綿悱惻，但是一字之差，還是註定了兩者的差別。

（二）認真你就輸了？

我們不否認真愛的存在，也相信有人自始至終只有一位或兩位伴侶、從不亂交，但這種情況在男同性戀關係中所占的比例還是很小的。更多的情況是不少同性戀者有過幾十個，甚至上百個性伴侶，而其中「真愛」的只有幾個而已。

一位同性戀者表達了他對感情關係的渴望，但從他的話裡可以明白這種關係的稀有和難得：

在朝三暮四、魚龍混雜、露水一般的「圈子」裡待得愈久、經歷愈多、體會愈深，愈是渴望忠貞，渴望擁有彼此。

世界很大，美好的事物很多，但作為普通人，我所求的不多，但我十分明白，對於任何人，不僅是gay，都是極其困難的，也許正因為難才更顯珍貴。

一位經歷過感情磨難的同性戀者這樣講述「感情」在圈中的分量：

很多人一旦感到自己對某人很癡情，就得及早抽身，不願背負感情包袱。圈裡最不受歡迎的是兩種人，一種是發生感情的，一種是性上不行的，最受歡迎的是會玩又沒有感情的。很多人之所以不想發生感情是怕擺脫不開，那就太累了。尤其是那些有家庭、工作、社會地位的，都想玩玩就算了。

圈裡還有另外一種人，他們看文藝小說，聽愛情歌曲，許多是學文的、浪漫的、看重感情的，無法接受沒有感情就在一起。

現在我發現，前一種人愈來愈多，後一種人生活得很苦。

後一種人一旦跟前一種人接觸，會痛苦好長時間，有的一輩子都忘不了。現在只有初入道的「雛兒」才會愛上別人；入道時間長的就會刻意避免感情，也有些是時間久了麻木。

現在要是聽說有人為感情尋死，我一方面同情他，另一方面又覺得他太傻。

我見過自殘的人，對方提分手時，他當著人家的面用菸頭燙自己的手腕，疤一個一個。可是他愈那樣做，對方愈得意，覺得自己魅力大，同時也愈討厭他。所以只要一方決定分手，就不要糾纏，不如找一個更好的，讓自己解脫，也氣氣對方。

（三）愛如朝露，去日苦多

同性戀愛關係總是不能持久，長不過三、五年，短不過一、兩次會面，因為「我需要的，也是你需要的」。

同性戀男人喜歡的是一個真正的異性戀男人、一個真正完美的男人，所以兩個男同性戀者在一起時都希望對方更像男人，因此無法長久。就像電影《蜘蛛女之吻》中那位同性戀者的自白：「我始終在等待一個真正的男人，但這不可能發生，因為真正的男人要的是真正的女人。」

人都有喜新厭舊的本性，異性戀如此，同性戀也是如此；但是異性戀關係所受到的社會鼓勵和婚姻約束，卻是同性戀沒有的。在大部分社會中，同性戀還是飽受非議的，談一場同性之戀要面臨外界各方的壓力和自己內心的衝突，這也就不難理解為什麼同性的感情來得快，去得也快了。

不過話說回來，即使有婚姻的維繫，又有多少異性戀者僅為了孩子或者物質而貌合神離、被迫生活在一起？「沒有希望也就沒有失望」，許多異性戀者在婚後，由於對伴侶的神祕感消失，喜新厭舊又不能棄舊圖新，外加家庭瑣事的煩擾折磨，逐漸產生「對愛情的幻滅」。而同性戀卻是轟轟烈烈後隨即分手，沒有在一起的理由和束縛。

（四）純愛

如果你所選擇的交往對象不是以結婚為目的，而是為了快樂而在一起，你還會堅持自己的「擇偶標準」嗎？恐怕很多人會刪掉以往列出的大部分選項，然後加上自己真正想要的。

同性戀就是這樣，一不能組織家庭，二不能生兒育女，所以他們戀愛的動機和異性戀相比要「純粹」得多了：只要快樂！

他們選擇另一半的「切入點」不同，會考慮更多先天特質，比如，相貌、身材、年齡、氣質、性格等；而對對方的身分地位、職業、家庭背景、經濟條件等就不是很關心。

就像以下兩位同性戀者所說的：

「我也說不出愛他什麼地方，他身上的一切我都愛。他身材健美，好看，生殖器不大不小，很性感。」

「兩個男人的結合完全是追尋性的快樂，沒有婚姻、經濟利益等干擾，因此是人生又一種體驗，像小時候，兩小無猜單純地互相喜愛。」

三、結婚還是不結婚？

同性戀專屬俱樂部在國外並不少見，相較國內，國外的同性戀環境要開放和輕鬆得多，並且沒有傳統文化中傳宗接代等壓力。國外的同性戀者或者獨身，或者與同性同居，或者與同性結婚，很少進入異性婚姻，所以也就少了極富特色的現象——同妻。如果說同性戀相對異性戀是弱勢群體，那麼在男同性戀周圍有一個更弱勢、隱祕的群體——同妻。

（一）同志之「欺」

蕭小姐新婚的甜蜜日子還沒有開始，就面臨結束。二〇〇七年六月，二十四歲的蕭小姐結婚不過一個多月，婚前體貼的丈夫一下子變得冷漠起來。隨後，她在丈夫的電腦和手機裡發現了「小三」，令她驚訝的是，對方竟是男人，事實上，蕭小姐才是「第三者」。

丈夫和他的家人在婚前均知道他是同性戀者，並對蕭小姐選擇了隱瞞。三個月後，丈夫在種種證據之前仍然欺騙她，說自己是雙性戀。蕭小姐非常憤怒，她認為丈夫一開始就應該把事情的真相告訴她，而不是騙她結婚。

儘管悲憤，蕭小姐並沒有打算放棄婚姻，她希望努力對丈夫好，他就能有所改變。誰知丈夫非但沒有回心轉意，還當著他父母的面把她痛打一頓。那段日子，蕭小姐無比絕望：「我閉上眼睛，這個世界便在我身邊死去。」

她曾捫心自問：「難道我以後的日子就得在挨打、冷漠和痛苦中度過嗎？」家庭暴力最終還是徹底擊碎了蕭小姐的幻想，「我想離婚，但他不願意辦手續，他覺得分居的方式挺好的，但我覺得這對我不公平。」

儘管只能以感情破裂為由，也得不到任何補償，但是急於從痛苦中重返自由的蕭小姐，還是毅然結束了這段僅一年的婚姻。

大陸央視記者柴靜曾做過一期名為《以生命的名義》的節目，探討「同性戀」、「同妻」話題，一位來自大連的同妻說道：「在一輩子最好的時候，我卻嫁給了同性戀。」這裡面的無奈與心酸，恐怕只有當事人心裡最清楚。像蕭小姐能及時回頭的女人，是不幸中的萬幸，又有多少女人顧忌名譽，擔心影響孩子，害怕讓家人蒙羞，不得不獨自在「同妻」的陰影下繼續艱難地支撐著……

有的同性戀者結婚後，會壓抑對妻子的反感，並因為負疚，努力做好丈夫。除了不能在性和感情上對妻子全心投入以外，其他方面，他們都儘量盡到做丈夫的義務和責任。來看一個位同性戀丈夫的講述：

那一年，我二十七歲，在男大當婚的傳統觀念下，我成家了。結婚的頭幾年，夫妻生活還可以維持下去。為了性愛的需要，我有時對自己的性器官採用自虐的手段，而這些手段其實很殘酷（這是朋友們在談論時傳授的，這些同性朋友大多有類似的經歷），迫使自己的生殖器保持持久勃起的狀態，去完成夫妻性生活的全部過程。這樣做主要也是為了盡丈夫的責任，實際上我對男女之間的性生活絲毫沒有興趣。

我有時候想，如果能出家去當和尚該多好，和尚就能理所當然地不用結婚，就可以逃避家庭、社會、親人對我的責難。

我所接觸的朋友大多有與我相同或者類似的想法，但是他們又都有「良心」，都盡職盡責地當好父親、當好兒子。

只是，敏感的女人都能察覺得出丈夫是否對自己投入了真心，雙方只是在「深坑」上鋪了一層薄草，生活得如履薄冰，裝作視而不見罷了。

（二）雙性戀

蕭小姐的前夫曾經謊稱自己是雙性戀，雙性戀是怎麼回事兒呢？

在絕對的異性戀者和絕對的同性戀者之間也是有過渡的，來看下面的「性取向漸變圖譜」，我們把性取向的演化過程分為七個等級：

0級：絕對的異性性行為。

1級：偶爾有一、兩次同性性行為，而且絕對沒有和異性發生性行為時的感受和心理反應。

2級：同性性行為稍多些，不能明確地感受到其中的刺激。

3級：在肉體和心理上對同性和異性兩種性行為的反應基本相等，一般兩者都能接受，沒有明顯的偏愛。

4級：在肉體和心理上，同性性行為多於異性性行為，但是仍有相當多的異性性行為存在，還能夠模糊地感受到其中的刺激。

5級：只有偶然有異性性行為和感受。

6級：絕對的同性性行為。

很明顯，這個「性取向漸變圖譜」中的第三級，就是雙性戀。

雙性戀沒有異性戀和同性戀那麼具有「排他性」，能夠做到男女皆可，真正的「博愛」。

（三）和不愛的人過一輩子

外國人對東方男同性戀最終和女人結婚非常不理解，在他們看來，自己的情人和女人結婚，那是對感情不忠，對他們來說也是傷害。但是外國人哪能感受得到在悠久文化中，經過漫長演變和沉澱所形成的強大力量。不僅是結婚的壓力，不僅是為了傳宗接代，無形的規範告訴你該做什麼事。

「恐龍總是想把不是恐龍的動物一網打盡」，所以同性戀者背負了巨大的壓力。下面這位即將結婚的男同性戀者的痛苦與焦慮很具有代表性：

再過一段時間我就要結婚了，我不知該如何面對那個未來的她。我雖然同意與她結婚，可內心知道我不喜歡她；但我的年齡已容不得再獨身下去，父母和親友不會允許我年紀這麼大了還不結婚。

我該怎麼辦？我不喜歡她，可是卻要與她過一輩子，朝夕相處，同床共枕。

我受不了，不敢想像以後的日子會如何。我只覺得心裡煩亂，但表面上還得裝出婚前的喜悅，自欺欺人。

我不能想像新婚之夜將是怎樣的景象。

這到底是為什麼？人是不是一定要結婚？

人是不是一定要與異性結婚？

作為一名同性戀者，我不敢公開我的性取向。為什麼想獨身、想一輩子不結婚會這麼難？我承受不了世俗的壓力。我該怎麼辦？

我為什麼就跟別人不一樣？為什麼同性戀這個魔咒會降臨到我頭上？

我不知道我這輩子怎麼過，不知道我的幸福在哪裡，也不知道結婚後會不會離婚。有時候真想一死了之，可是我對理想、事業還有一點希望，終歸沒有走向死亡。我心裡滿腹愁苦，卻不能對任何人說。

看著每個親友忙著張羅我的婚事，他們哪裡知道我的心思？我該如何尋找自己的幸福？處在異性戀者中的同性戀者，我的痛苦有誰能體會呢？

那麼為什麼同性戀者和異性結婚會這麼痛苦呢？這個問題很白癡，試想一下，一個異性戀者找了同性戀結婚……

有些同性戀說痛苦是因為結婚以後精力分散，對妻子和未婚的同性伴侶來說都是不公平的；有的說結婚後在一定程度上限制了活動的自由；還有的說結婚在同性戀圈子裡其實是很丟臉的事。但這些都不是最根本、也不是最重要的原因，歸根究柢還是因為與異性的戀愛和婚姻，完全不能引起他們的「性趣」！

看一位男同性戀者和女性發生性關係的感受就知道了。

接吻不舒服，沒有刺激感，還得刺激她，我失去的多，得到的少。她摸我的生殖器會讓我反感，並且一摸就什麼性趣都沒有了。要是同性，愈觸摸生殖器愈有興奮感，愈吻感覺愈好，和女人剛好相反。

我也不願接觸女人的身體，一接觸就反感。我第一次看見女人裸體就沒興趣，可是男人看到我的裸體時都興趣極大，我女朋友看到我的裸體時，全無渴望的眼神，十分冷淡，因此覺得很失望。雖然也能勃起射精，但沒有發洩感，射精前的感受與同性發生關係時不一樣，完事就結束了，沒有意思。

四、同志之路

回到文章前面的問題：為什麼同性戀違反生物進化的規律，卻還是倖存下來，沒有被自然淘汰？

其實這一路下來，同志們真是歷盡艱辛，險象環生，驚心動魄。當同性戀踏上漫漫長路，開始旅程，第一個跳出來阻截的是宗教（何止阻截，那應該稱得上是摧枯拉朽的殘酷迫害），對於同性戀就是「異教徒」、「異端」！

基督教更是拿出了《聖經》款款地念道：「不可與男人苟合，像與女人一樣，這本是可憎惡的」、「人若與男人苟合，像與女人一樣，他們二人行了可憎的事，總要把他們治死，罪要歸到他們身上。」基督教認為同性戀製造了道德敗壞的氣氛，應當與謀殺同罪，處死；認為同性戀威脅現存的價值觀，還會損害婚姻和家庭的繁衍功能，罪大惡極。基督教在成為羅馬國教之後，立即下令：凡是同性戀者一律判處死刑！

隨著社會的演變，宗教對人們的約束力逐漸減弱了，這時，第二個阻截同性戀的東西跳出來了——法律。同性戀曾經是重罪，懲罰也相當嚴厲。

在阿茲特克帝國，對於同性戀行為中扮演女性角色的一方，先割下他的生殖器，再把他綁在一根圓木上，用灰將其埋起來，然後放一大堆木柴，點上火，把他活活燒死。扮演男性角色的一方也被綁在圓木上，用灰將他埋起來，直到他窒息而死。在祕魯，發現同性戀行為後，當事人會被處以絞刑，在赴刑場前還要遊街示眾，最後將他所有的衣服一起燒掉，象徵「徹底毀滅這個人」。

英國曾發生過活埋同性戀者的事件。法國直到十八世紀中晚期還對同性戀者實行火刑。在羅馬還判得比較輕，同性戀判十年，發生肛交判七年，發生口交判三年……

社會不斷進步，法律不再懲罰同性戀，第三個跳出來阻攔的是醫學。

「同性戀是種精神病。」醫學曾經這麼說，在那個時候同性戀者常被認為是「變態」。有的機構和個人甚至宣揚應當把同性戀者全都抓起來關進精神病院。說這話的人低估了同性戀者的數量，根本就沒有足夠的精神病院，容納這麼多「病人」，而且也沒有足夠的醫生做「治療」。

終於，出現了一個人——佛洛伊德，他的看法對人們產生巨大影響，他直言不諱：「醫院是治不了同性戀的，因為它根本不是病。」

在他的影響之下，關於同性戀不是疾病的觀點終於被多數精神科醫生接受。隨後，標誌性的事件發生了，「美國精神病協會」在一九七三年將同性戀者從精神病患者的名單裡刪除。在此之前，同性戀一直被視為一種心理疾病，被列在《美國精神病診療手冊》上。

宗教、法律和醫學一路「追殺」，最後，現階段的阻截者出現——道德，它打著「同性戀是違反人類天性的罪惡」。但同性戀不會因為社會對他嚴厲就減少，也不會因為社會對他寬容就增多。

「你滅或者不滅，我就在這裡，不增不滅。」同性戀的存在就是人類生物多樣性的表現。人們對同性戀的態度變得更加寬容，有些國家甚至已經讓同性戀婚姻合法化。人們慢慢認為同性戀作為一種性取向是正常的，也是自然的，只是生活方式的一種——「同志 style」！

第7篇

孤獨星人——自閉症患者

所有的存在都不應該被輕視，所有的差異都應該被理解。
缺陷、不適和疾病，未必就是生命中不可承受之重，
它們會產生另一些發展、進化與生命的形態，
激發出我們遠不能預料的創造。

一、特立獨行的孤獨星人

「孤獨」這個詞，不管怎麼說，都帶著濃濃的悲情色彩。無論是誰，似乎一提到孤獨，總是可悲的。如果你試著關起門窗，在暗無天日之地待上一個禮拜，也許會稍稍瞭解孤獨的滋味。那種感覺就好像把自己扔進深淵裡，極力呼喊卻聽不到一絲應答。唯一的聲響，只是自己的回音。

孤獨不是孤立，有時候，身邊有人陪伴但內心依然孤獨，因為身體的依偎難以平復心靈的空寂。這也可以解釋為什麼有些人過著與他人完全隔離的生活，卻能享受隱居的樂趣，而有些人經常與人交往，卻感到孤獨。

在地球上、在我們身邊出現了一群奇特的「孤獨星人」。從外表上看，他們與我們並無兩樣，但他們身上有些地方又是如此與眾不同……

「遺世而獨立」——社會隔絕

當一個漂亮的、謎一般的小男孩踮著腳走到你身邊時，他的目光從你的身上移開；他手中拿的不是玩具，而是一條奇怪的、髒兮兮的、纏繞在一起的繩子，他時不時地搓著這條繩子。當你關心他，特別是當你的手碰到他的頭時，他會躲開你的碰觸；他凝視著窗外，而不注意你和你的周圍。他似乎很孤單，只沉浸在自己的世界裡……

這就是孤獨星人，當地球人三五成群、熙熙攘攘、推杯換盞的時候，孤獨星人永遠靜靜地站在一邊，漠然地忽略這一切。

這種情況從孤獨星人很小的時候就開始了，心理學家研究出「地球嬰兒」的三種氣質類型，分別是：

1. 容易型

大多數的嬰兒屬於這一類型。這類嬰兒吃、喝、睡都很有規律，容易適應新環境，也容易接受新事物和陌生人，俗稱「不認生」。他們常常興高采烈，非常愛玩，很配合父母的養育。他們第一次洗澡時只是睜大眼睛、皺皺眉頭，沒有驚叫也不哭，甚至連打針時也比較安靜，不怎麼哭鬧。容易型的嬰兒這麼「乖」，所以容易受到大人的關懷和喜愛。

2. 困難型

這一類嬰兒比較少。他們名副其實「連哭帶鬧」地降臨到人世，最突出的表現是愛發脾氣，經常大聲哭鬧，不易安撫，對新事物、新環境接受很慢。大人們需要費很大氣力才能「降伏」他們。護士給他們穿衣服時，他們大喊大叫，或用腳踢、用手推開護士。睡醒後就立刻哭，從深睡到大哭之間幾乎沒有過渡，而每次餵奶對母親來說都是一場戰鬥。

由於這種孩子對父母來說難以教養，在養育過程中容易造成親子關係疏遠，所以更需要成人極大的耐心和寬容。

3. 遲緩型

沒有容易型嬰兒的「喜不自禁」，也沒有困難型嬰兒的「大哭大鬧」，遲緩型嬰兒常常是安靜地退縮、情緒低落、悶悶不樂。他們對新事物、新變化、新刺激採取逃避的態度，但在心情好的時候，也會像無尾熊一樣，慢騰騰地挪近新事物「圍觀」一下。

這樣來看，「孤獨星嬰兒」的氣質應該與地球嬰兒的「遲緩型」最接近，卻又更冷漠、更疏離，不如我們就稱他為——孤獨星的嬰兒。

孤獨星嬰兒「目空一切」，幾乎不搭理任何人，包括他們的父母。跟地球嬰兒不同的是，孤獨星嬰兒不會對身邊的人報以微笑，或者低聲細語、主動和別人玩耍；甚至在他們感到恐懼時，也不會依偎到父母懷裡。大多數地球嬰兒在身邊人愛憐地看著他們時，也喜歡望著對方，但是孤獨星嬰兒幾乎從不與對方做眼神交流。稍大一些，小孤獨星人也不喜歡和其他小孩一起玩耍，而更願意自己玩。

孤獨星人與「社會隔絕」的特點，能讓他們遮掉外界傳遞給他們的資訊，然而這種阻擋只涉及人，孤獨星人對事物的關注和體驗和「地球人」沒有任何差別，有時反而更勝一籌。比如，像小孤獨星人A。

和很多孤獨星人一樣，A擁有集中注意力的巨大能力。這種能力為她在混亂和騷動的「地球環境」，創造出平靜有序的世界，一片屬於她自己的天地。A可以坐在海邊用幾個小時堆沙子，任沙子從她的指尖滑落；她可以一粒一粒地觀察沙子，彷彿透過顯微鏡觀察事物的科學家。其他時間，A會慢慢審視她手指上的每條紋路，沿著其中一條觀察，把它當成是地圖上的一條路；或者她會旋轉自己、旋轉一枚硬幣，全神貫注到周圍的人都變成透明的，即使是突然間的一聲巨響，也不能將她從自己的世界中驚醒。

不要以為孤獨星人對人冷漠就沒有情緒，他們經常控制不了自己驟然的衝動，尤其當事情發展不順時，他們就會暴怒，並難以捉摸。比如小孤獨星人B。

正常的地球孩子用泥巴捏各種東西，而B則用自己的糞便，並且把「成果」扔得滿屋都是。他把拼圖放到嘴裡嚼，把紙漿吐到地板上。他脾氣暴躁，感到挫敗時會摔打手邊的任何東西，包括珍貴的花瓶和殘餘的糞便。他會不停尖叫……

隨著小孤獨星人慢慢長大成人後，他們「與世隔絕」的問題會更嚴重，周圍人對他們來說常常「形同虛設」。

這是比較孤獨星人和地球人看待社會交往的區別的實驗：

地球人注意的是有社會意義的部分，視線停留在談話人的眼睛之間，還有背景人物身上；而孤獨星人關心的是電影場景中非社會性的方面，比如女演員的嘴和對面男子的夾克。（圖7-1）

（圖 7-1）

這說明孤獨星人對社會場景不感興趣，並不享受與他人的社交關係，也沒有能力去發展這種關係。因此，孤獨星人不能理解正常的慣例和禮節——他們不懂得人情世故，不會處理複雜的人際關係，即便是簡單的社交，比如，買東西對他們來說也困難重重。

有些孤獨星人不會躲避所有社會接觸，進入一種極度孤獨的與世隔絕的狀態，他們會多多少少參加一些社交活動，我們稱這樣的孤獨星人為——高功能孤獨星人。

但是，高功能孤獨星人在社交活動中的表現也是不成熟的，對友誼的理解存有問題。

比如，小高功能孤獨星人喜歡與比自己大很多的人一起玩，這是一種較特殊的交友形式。有個小高功能孤獨星人告訴他的媽媽，他在學校午休時間都會與某位固定朋友見面。他媽媽後來發現所謂的「朋友」是學校雜工，每天中午孩子都要去幫助雜工做些事情。

還有一位高功能孤獨星人說：「我從童年、青少年一直到成人階段，很少能和同齡孩子和睦相處，我喜歡和老年人待在一起，或許是因為他們通常比較溫和安靜，比較有耐心聆聽小孩子講的一些特殊話題，並且主動發起對話。」

社交有問題的高功能孤獨星人分不清友誼的界限，所以回答不上來類似下面的問題：

誰是你的朋友？

為什麼他是你的朋友？

平常你是怎樣交朋友的？

為什麼我們需要朋友？

你需要怎麼做才能成為他人的好朋友？

對於他們來說，只要是態度友好的人，哪怕是陌生人都可以當作朋友。而且他們認為朋友就應該像一臺永不故障的機器，如果你某一天有事沒辦法陪他們玩，你就不是一個真正的朋友。

二、只聰明一點點：智力發育遲滯

小亞在三歲時被人收養，他的親生母親在懷他的時候酗酒成性，在小亞出生後不久便死於酒精中毒。小亞早產了差不多七週，體重低於正常水準，在被收養之前遭受過虐待，而且營養不良。

他的身高低於同齡兒童平均水準，不會使用馬桶，只會說約二十個詞。他被確診為輕度智力發育遲滯，養父希望小亞在積極的環境下能夠康復。

然而四歲時，小亞依然需要使用尿布，體重只有十二公斤。他很難記住其他人的名字，而且過分活躍，一個人的時候會有節奏地將身體搖來晃去。這一年，他第一次嚴重的痙攣發作，昏迷了幾天，而且看起來無藥可救。

上學以後，小亞不會計算，不能識別顏色和繫鞋帶。他注意力不集中，連簡單的指令也難以執行。儘管他的老師都非常盡力，但在完成小學學業後，他仍然不會加減運算，不知道自己家的地址。他的智商只有65分左右。

小亞二十歲時，搬到了一個專門照顧智障病人的療養中心，他的全部精力都集中於自己收集的絨毛玩具、紙質娃娃、報紙上的卡通畫、家族照片和以前的生日卡片。二十三歲時，小亞死於交通意外。

下面這個是測試智力的評分標準：

140分以上——天才
120～140分——最優秀
100～120分——優秀
90～100分——常才
80～90分——次正常
70～80分——臨界正常
70分為智商及格線
60～70分——輕度智力發育遲滯
50～60分——中度智力發育遲滯
20～50分——重度智力發育遲滯
20分以下——極重度智力發育遲滯

凡是智商低於70分的都是智力發育遲滯。小亞的智商在65分左右，所以他被診斷為輕度智力發育遲滯。而大約有75%～90%的孤獨星人智商都低於70分。

但同樣是智力發育遲滯，孤獨星人和地球人還是有區別的，智力測試通常包括：空間能力、數學能力、語言能力和記憶能力等。孤獨星人在空間能力上的表現比語言能力好得多，而地球人則在所有測試上都表現得差不多。

那麼，為什麼孤獨星人在空間能力的表現比語言能力好呢？這就是我們下面要說的——語言缺陷。

超過一半的孤獨星人根本不說話。而說話的孤獨星人則會發出咿呀學語的聲音、嘀咕聲、尖叫聲……有時還會毫無目的地重複歌曲、電視劇，以及看到或聽到的對話片段。比如，電影《雨人》中「雨人」總是重複說著小時候看的一本書的內容：「誰是第一棒……誰是第一棒，誰是一壘上的誰便是第一棒……我問你誰在一壘？那是那個人的名字……誰？那個一壘手……誰在一壘上？誰在一壘上？」甚至有的孤獨星人能僅憑記憶演出一整部電視劇，使盡渾身解數，用自己的聲音、手勢、掌聲做全天「循環播放」。

一些孤獨星人在表達時，使用的人稱很奇怪，他們會用第二人稱（你）或第三人稱（他）來指代自己（我）。

還有的說話方式會太過於「正式」，比如，孩子想知道母親是否在家，通常會這樣問：「媽咪在家嗎？」用非常口語化和隨意的方式；而小孤獨星人卻會說：「請問，某女士現在是否在家中？」

孤獨星人說話沒有語調，像是沒有情感的機器人。我們都知道在一句話中加重不同字的語氣時，表達出的意思會不一樣，比如：

「**我**」沒有說她偷了我的錢。（是別人說的）

我「**沒有**」說她偷了我的錢。（我的確沒有說）

我沒有「**說**」她偷了我的錢。（不過我暗示了）

我沒有說「**她**」偷了我的錢。（其他人偷的）

我沒有說她「**偷了**」我的錢。（她肯定對我的錢做了什麼）

我沒有說她偷了「**我的**」錢。（她偷了其他人的錢）

我沒有說她偷了我的「**錢**」。（她偷了別的東西）

孤獨星人做不到「抑揚頓挫」的表達，也理解不了這樣的表達。如果要他們來說這句話，永遠都是沒有聲調、沒有感情的「我……沒……有……說……她……偷……了……我……的……錢」。

孤獨星人不會進行「你一言，我一語」的交流式對話，也不會圍繞著某個主題進行交流。

三、規矩不能破：刻板行為

「雨人」要求星期一早上吃披薩，在規定的時間觀看《危險邊緣》節目的影片。有的小孤獨星人的玩具必須被放在同一個架子中的同一個地方，早餐必須按不變的順序進行，先吃雞蛋，再喝果汁，接著吃烤麵包。

在規定的時間，按規定的步驟，做規定的事，就是孤獨星人典型的「儀式性行為」。孤獨星人很難接受新的事物，如果事情沒有按照順序完成，或者遺漏了哪個步驟，他們就會感到惶恐，因此大發雷霆。比如，去學校的途中，若媽媽在銀行門口停下來，小孤獨星人也會為此勃然大怒，因為媽媽「不走尋常路」。

除此之外，孤獨星人還有特別的「戀舊情結」，他們會重複地做同一個動作，比如，旋轉、踮腳、擊掌、搖晃……在電影《雨人》中，「雨人」像木馬一樣邁開腳步，前後搖晃自己的身體。有的孤獨星人還會重複這些動作來「自殘」，撞頭和咬手是最常見的，他們不停拉扯頭髮和啃咬指尖，直到血流如注。

小孤獨星人有自己喜歡的玩具，但是他們和小地球人玩遊戲的方式不同，他們只關注玩具的一部分，比如，他們對車的輪子感興趣，而不是對車的整體感興趣；他們不會用兩個洋娃娃玩「家家酒」的遊戲，而是將洋娃娃的胳膊卸下來在手中拋來拋去……

```
   H                    A         A
  H H                   A         A
 H   H                A A A     A A
H H H H                 A         A
H     H                A         A
H     H                A         A
```

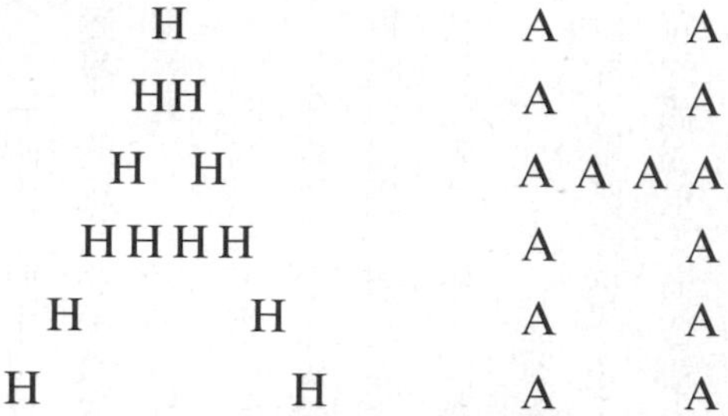

(圖 7-2)

同樣一件事，對於地球人來說，是先整合資訊，抓住要點，但通常會漏掉細節；而對孤獨星人來說，他們更注重處理細節而忽略整體，比如圖7-2：

對大多數地球人來說，總是會先關注總體的形狀。當看到上圖中左側由許多小「H」組成的「A」形狀，大多數人不會立刻看到小「H」，而是會先看到整體組成的「A」。對於孤獨星人來說正好相反，他們要努力看才能看出總體的形狀「A」，因為他們大腦的注意力都集中在分散的細節「H」上。

還有，大多數地球人是透過辨認熟悉的片語來閱讀，因此許多人會漏掉細小的拼寫錯誤或重複的字，比如，下面這個句子：

二鳥在林，不如一鳥在此手。

快速地看，許多人都不會發現第二個句子多了個「此」字，但是這絕對逃不過孤獨星人的眼睛。只看局部而不關注總體也有個好處，就是查看細節的能力很強，因此擅長校對。

孤獨星人C和D的故事

以上說的「社會隔絕」、「智力發育遲滯」、「語言缺陷」、「刻板行為」的特點，全部出現在孤獨星人C一個人身上。

C是一個不和他人交流、也不和他人說話的孩子，她幾乎不會和任何人有目光接觸。如果讓她一個人待著，她就會把手放在喉嚨上，伸出舌頭，發出奇怪的聲響。除非有事物轉移了她的注意力，否則她就會站在或坐在椅子上，前後搖晃好幾個小時。如果有人接近她，她可能會一把抓下他們的首飾或眼鏡。C不喜歡有新的體驗，新的實習醫生走進房間想親近她，結果被她打了。

雖然C不說話，但要她吃飯或洗澡時，她可以理解並照做這類簡單的要求。她有一本圖畫書，其中都是她需要物品的照片，如：餐盒、小甜點、喜歡的玩具，或者洗手間，當有需求時，她就用這本圖畫書和別人交流。但C似乎不會也不願意區分顏色，不理解「對」、「不對」的概念，不願意做超過一個步驟的要求，比如，拍拍手然後把手放在鼻子上。她以前的老師說：「儘管她能在課堂上學會區別紅色和藍色，但是換一個環境後，她就忘了。」

C被發現「與眾不同」時，還是個嬰兒。那時她就抗拒別人抱她，到了三歲時還不說話。

大家以為她耳朵聾了，後來經過檢查發現，原來她是個孤獨星人！

類似的情形還出現在孤獨星人D身上：

D是一個三歲的孤獨星男孩，他遠離人群，看起來獨立。他早上不和母親打招呼，父親下班回家時也沒有任何反應。他對其他兒童毫無興趣，對自己的弟弟也視而不見，只會自己一個人咿咿呀呀或者尖叫。

如果他說話，說出來的詞和句子也是以前從別人那裡聽來的，腔調一模一樣。當他說：「你想喝什麼？」其實是表示自己渴了。他不會用表情、手勢或者模仿動作來表達自己，如果他想要什麼，就把別人的手拉到想要的東西上。

對D來說，對他最大的挑釁就是改變或者擴展他的興趣。比如，拿走他的玩具汽車，打亂拼圖、物品擺放的位置；糾正他的做法，比如正確使用湯匙，或者要他坐下來看圖畫書。如果你膽敢這樣做，迎接你的將是長達一個小時，甚至更長時間的咆哮、尖叫、發脾氣、踢打、咬自己或者咬別人。除非恢復原樣，否則他不會停止哭鬧。

四、你說我世上最孤獨，我說我世上最神奇

上面提到孤獨星人有智力發育遲滯的情況，但奇特的是，某些有嚴重智力發育遲滯的孤獨星人卻在某項技能，比如，數學、藝術和音樂，擁有超凡的表現！這何嘗不是一種補償呢！就像盲人可能有特別敏銳的聽力。

（一）孤獨星畫家

Y是嚴重智障、無法說話的孤獨星人，他臉色蒼白，弱不禁風，很多人認為他是白癡，什麼都不會。一位學者給了Y一只懷錶，想讓他畫出來，身邊馬上有人阻止說：「他根本就不認識錶，對時間也沒有概念，你別浪費時間了。」

可是當Y看到懷錶，並開始動筆作畫，他臉上一改常態地浮現出身心合一、無所畏懼、毫不遲疑、鎮定自若的神情。他對周圍一切全不理會，完全專注於繪畫之中。他畫得很快，但是非常仔細，線條清楚，沒有塗抹。

下頁圖7-3右側就是Y畫的小懷錶。

Y畫的懷錶相當傳神，除了「防震」和「××製造」的字樣外，每個關鍵的細節都沒有漏掉。他不只標上時間（準確地標在11點31分），標出秒針的位置，以及嵌入的秒盤，還畫出凸出在外的發條轉輪和繫錶鏈的扣環。

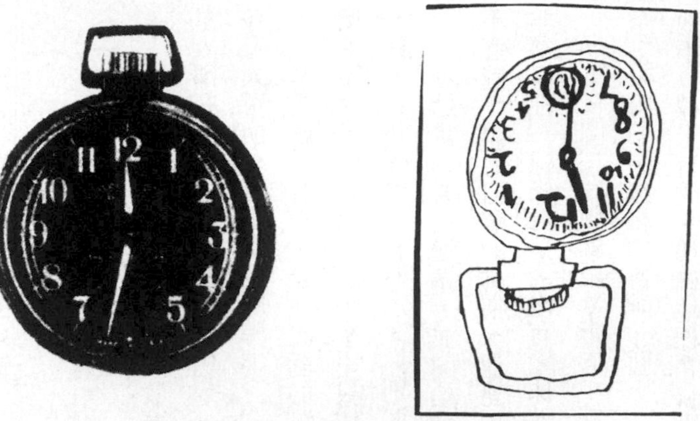

（圖7-3）

除了扣環畫得比較誇張外，其他部分的比例都正常。錶上面數字的大小、形狀和風格各不相同：有的胖，有的瘦；有的整齊，有的陷進去；有的很簡單，有的精描細寫，帶有歌德式風格。原本嵌在上面、毫不起眼的秒針卻被畫得非常突出，好像星盤上的小轉盤。Y把懷錶的整體和感覺畫出來了，讓人懷疑他是否對時間真的毫無概念，否則怎麼會畫得如此逼真、精準，還融合了奇怪的「抽象」藝術？

但是身邊有人說：「這只不過是複製了一遍。」於是學者又給Y看了一張照片（兩個人傍著大山和夕陽，在湖上划著獨木舟），然後把照片拿走，讓他畫下來。

圖7-4左側是原圖，右側是Y的畫。

這次Y給人留下了更深刻的印象，他的繪畫速度和逼真程度都讓人驚嘆。他僅僅看了照片一眼就開始繪畫，這意味著他能夠理解當中

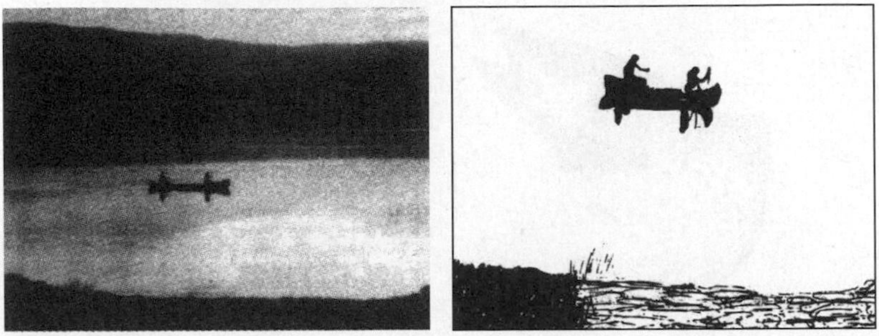

（圖 7-4）

的景象，不是簡單的臨摹。而他畫出的圖像還有一種原畫沒有的強烈質感。舟上的小人經過放大，變得更強烈、更有生命力，有一種原畫沒有的意境。所以他的能力能凌駕於簡單的複製之上，他有完整的想像力和創造力。圖上畫的不是一艘普通的獨木舟，而是承載著他自己的獨木舟。

他還畫了一條「屬於他自己的魚」（下頁圖7-5）。左側是原圖，右側是Y的畫。這不是一條簡單的魚，而是一條獨特的、頑皮的魚。原來的那條魚沒有個性，看起來死氣沉沉，也沒有立體感，有點像標本。相反，Y畫的魚魚體傾斜，姿態平衡，很有質感，與原來的魚相比，更像活的。

Y的畫不僅逼真有活力，其中還添加了一些非常有表現力的東西：一個深邃巨大如鯨魚般的嘴巴，有點像鱷魚般的短尾，一對非常機靈的眼睛，而這些特徵加起來組成了相當淘氣的表情。這是一條非常有趣的魚，應該叫半人半魚才對，簡直像《愛麗絲夢遊仙境》裡的青

（圖 7-5）

蛙侍者，是個童話角色。

（二）完全不懂計算的數學奇才

E和F是看上去不怎麼討人喜歡的孤獨星人，他們是雙胞胎，長相怪異，身高比正常人矮，頭和手的比例嚴重失衡，上顎和足部嚴重彎曲，說話沒有高低起伏的音調，總是做出許多奇怪的抽搐動作，還有高度近視，配戴的眼鏡片太重，以至於看起來眼睛似乎歪了。他倆還總是帶著一種失常、不安而又詭異的注意力，盯著某個地方不放。

然而，在E和F的數學才能面前，你可以完全忽略上述一切不足。給他們一個日子，他們幾乎同時告訴你那天是星期幾，他們還能告訴你八萬年內的復活節是哪一天！除此之外，他們還能說出一生中（大概從四歲開始），任何一天發生的事。他們會用平板單調的聲音告訴你當天的天氣、政治事件，以及自己那天做了什麼。

令人心酸的是，這些內容還包括了他們童年的痛苦和強烈的自卑，以及遭受過的鄙夷、嘲弄和羞辱；但是他們述說往事的時候，音調沒有任何起伏，不帶個人感情、意見，就像在表述一份檔案或資料。

但是，如果測試他們的計算能力，得到的結果卻出奇糟糕，差不多就是智商60分的水準。他們連簡單的加減法都算不出來，而且根本不懂乘法和除法！

孤獨星人與質數有不解之緣。

質數是指在一個大於1的自然數中，除了1和自身，不能被其他自然數整除的數。在100以內有2、3、5、7、11、13、17、19、23、29、31、37、41、43、47、53、59、61、67、71、73、79、83、89、97，共二十五個質數。

有一次E和F坐在一個角落裡，臉上掛著神祕莫測的微笑，好像正在享受著某種奇怪的安寧和樂趣。原來，他們正用「數字」對話：E說出了一個6位數字，F聽到後會意地點頭微笑，像在品味那個數字；輪到F的時候，他也說出一個6位數字，這次換E品味。他們就像是兩個品酒師分享著人間的極品佳釀，很有意思的場景。後來人們發現，他們對話中提到的數字都是質數！

有個人好奇地加入了他們的對話，試探性地說出了一個8位的質數。E和F頓時靜下來，停了大概有半分鐘，突然發現這個人說的8位數是質數，他們因此變得非常開心，終於有人看懂他們的遊戲。接著E說出了一個9位的質數。這位參與者趕緊翻書，在書裡查出一個10位的質數來做應答。大概五分鐘後，F突然說出一個12位的質數。參與者傻眼了，因為他的書裡最多只有10位的質數。

不僅是E和F，很多孤獨星人對質數都情有獨鍾，質數彷彿是有語言障礙的他們向外界表達自己的一種方式。比如，孤獨星人G幾乎不懂數學，卻花了十二年時間做了質數表，其中所載數字的數量將近八百萬。按照一般人的壽命，在沒有機器幫助的情況下，無法完成這樣的工作。

（三）記憶大師

先不提別人，我們上面說到的「雨人」便擁有這份超凡的本領——一本書只要閱讀一遍就能背誦，電話本只要看一遍，便能說出其中任意一個人的電話號碼。孤獨星人G和雨人一樣。一九五四年出版一整套九大冊的《格羅夫音樂與音樂家詞典》，共六千多頁，他全都記在心頭，可以隨意說出任何一頁任意一行的內容。

同樣的，還有高功能孤獨星人H，他能記憶圓周率小數點後面的22,500位數。一般書裡記載的位數不過是幾十個或者幾百個而已，於是H開始在網路中尋找答案。一些網站能列出上千位數，但仍達不到他的要求。最終，H在位於東京的一部超級電腦網站上，找到了儲存多達上百萬位數的圓周率資料。接下來，他用三個多月來背誦，最後將這22,500位數全部說出來。（用了五個多小時！）

在完成這項「壯舉」後，H又接受了一個挑戰：用一週的時間學會一種語言——冰島語！

冰島語是什麼樣子的語言呢？來看以下：

Ó, hve létt er þitt skóhljóð
Ó, hve lengi ég beið þín
Það er vorhret á glugga
napur vindur sem hvín
En ég veit eina stjörnu
eina stjörnu sem skín
og nú loks ertu kominn
þú ert kominn til mín

Það eru erfiðir tímar
það er atvinnuþref
Ég hef ekkert að bjóða
Ekki ögn sem ég gef

噢，你的腳步如此輕盈
噢，我已等你等了好久
窗外飛過凌亂的春雪
耳畔吹過呼嘯的朔風
然而我知道九天之上
有一顆最閃最亮的星
許久過後它終於把你
帶來我苦苦空守的城

儘管我曾經飽受風霜
曾無依無靠入不敷出
我沒有什麼可以給你
並非說我的微不足道

nema von mína og líf mitt
hvort ég vaki eða sef
betta eitt sem bú gafst mér
Pað er allt sem ég hef

幸而有希望照進生命
無論是清醒還是睡夢
你賜予我的這份希冀
成為我所僅有的全部

——摘自 Maístjarnan《五月星》

冰島語被公認為是世界上最複雜最難學的語言之一，比如，僅是1到4幾個簡單的數字，就各有至少二十種不同的寫法，要結合上下文才知道該用哪種寫法。另外，冰島人從不借用外來語，他們用自己造的詞來描述現代事物：電腦是tölva，電話是sími……

一個星期後，H在冰島一個三十分鐘長的訪談節目中，全程用冰島語與兩位主持人交談。他事先完全不知道主持人要問些什麼。節目結束後，主持人和觀眾對他讚不絕口。

（四）人肉照相機

如果說上面是幾個單項技能的展示，那麼在下面這個例子中，你將看到更為神奇的表現！

圖7-6是一位叫斯蒂芬•威爾特希爾(Stephen Wiltshire)的孤獨星人和他的畫，他被人們稱為「人肉照相機」，因為不需要輔助工具（如速寫、筆記），只靠肉眼觀察，離開後便能憑

（圖7-6）

記憶將原物如實地、一模一樣地畫下來。無論是結構複雜的建築和城市風光、斷壁殘垣、被毀遺跡，還是凌亂不堪的地震後景象，都難不倒斯蒂芬。他曾完整繪製過東京、紐約、羅馬、香港、馬德里、法蘭克福和耶路撒冷等地的全景圖，注意到一些驚人的細節。

一次，斯蒂芬•威爾特希爾畫了一棟四十三層高的商業大廈，有人問他：

「你在畫它的時候就已經知道它有四十三層嗎？」

「是的。」

「當你第一眼見到它，當你想知道它到底有多少層的時候，你會數嗎？」

「是的。」

事實證明，所有這一切都在一瞬間完成，包括數出有多少窗戶，總共有多少物體。大部分人走到建築前，凝視建築時，不會花太多時間去關注這些，但是斯蒂芬好像自然而然就完成了，大量數字存進他的腦子裡，而且非常準確。

他以一種精確的方式觀察世界，把整個景物劃分成一個一個物體，再轉換成精確的數字。這是一種天賦。

空間能力、記憶力、對細節的超常觀察力，一般來說，一個人可能具備其中的一種，但不會是全部，而它們卻完整地統一在斯蒂芬身上，這種情況的概率只有百萬分之一。

斯蒂芬是天才中的天才。

（五）畫面思維

見識過孤獨星人令人瞠目結舌的才能後，你一定想知道，他們與我們的不同之處究竟在哪裡？

孤獨星人用「畫面思維」代替了「文字思維」，就好比同一件事，對孤獨星人來說只有「電影版」，沒有「小說版」，所以無論他們的大腦做什麼樣的資訊處理和運算，用的都是「畫面思維」。

孤獨星人的「畫面思維」是什麼？先來看看孤獨星人V的故事。

在V的眼中，數字是有形狀的，尤其是質數。它們看上去既光滑又圓潤，就像海灘的鵝卵石。所以他能像挑揀石頭般，辨認出9973以內的質數。每個數字對他來說都是獨一無二的，有自己的形象和個性。比如11很和善，5很吵鬧，4既害羞又安靜。他最喜歡4，因為覺得它跟自己最像。有些數字像龐然大物，比如23、667、1179；有些數字則顯得小巧玲瓏，比如6、13、581。有些數字優美，比如333；有些則醜陋，比如289。

在心理學上有一種心理現象叫「聯覺」，顧名思義，就是幾種感覺相互作用聯結在一起。我們最常見的「色——溫」聯覺，即是色覺和溫度感覺的結合，比如紅、橙、黃色會讓人感到溫暖，所以這些顏色被稱作暖色；藍、青、綠色會使人感到寒冷，因此這些顏色被稱作冷色。

37　　89

（圖7-7）

孤獨星人的「聯覺」則罕見又複雜得多。對V而言，數字不只是簡單的筆畫，它有聲音、有顏色、有形狀、有質地，能代表他的喜怒哀樂。比如，1是一道亮白色，就像手電筒的光，晃得你睜不開眼；5會響起轟隆隆的雷聲，或驚濤拍岸的咆哮聲；37像他的早餐麥片粥一樣黏糊糊的；89則讓他感到彷彿飄起了雪……

就像圖7-7。

對於計算，V也有自己的偏好。他最喜歡乘方，就是將同一個數字自乘n次，比如72的平方是72×72=5,184，51的立方是51×51×51=132,651。在他看來，這種形狀是對稱的，優美而有規則。每個乘方得出的數字都在他眼中幻化成獨特的視覺圖像，計算的數字和所得的值愈大，呈現在他眼前的圖像和顏色就愈複雜愈絢爛。就像37的五次方——37×37×37×37×37=69,343,957，這些數字構成一個美麗的圖案：一個大圓圈裡跳躍著幾個小圓圈，每個小圓圈都按順時針方向由頂端開始轉動。

兩個數字相除則會形成一個向下旋轉的螺旋，而

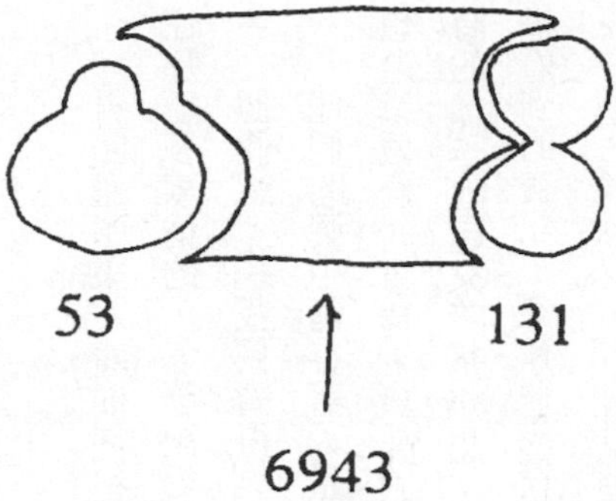

（圖7-8）

且轉的圈子愈來愈大，愈來愈扭曲、變形。不同的數字相除，呈現的螺旋大小與扭曲度都不同。就是靠這樣的圖像，他可以很快得出13÷97這類除法的答案（0.1340206……），而且可以精確到小數點後一百位。

V只靠心算，從不動筆，因為那些數字呈現在他心裡的圖像就是答案。比如，計算乘法時，他會看到兩個代表著不同數字的圖形，它們會發生改變，然後第三個圖形就出現了，這就是正確答案。奇妙的圖形變換只需要幾秒鐘，就在他心裡自然而然地發生，不需要刻意去想。

就像圖7-8表示的。

這是他計算53×131的過程：兩個數字被他看成特殊的圖形，它們面對面而立，中間有空白，那是第三個圖形出現的地方，也就是相乘的答案：6,943。

不同計算在他心裡會投射出不同圖像，不僅如此，一些特定的數字還會引起他不同的感覺。比如，乘11的時候，他心裡會有塌陷的感覺；在所有的數字裡，

6最難記，因為它無法呈現出特定的形狀，也沒有質地，僅是一個小黑點，就像縫隙或小洞。

有時晚上入睡前，他眼前會出現一道亮光，接著是成百上千的數字遊來蕩去，那感覺美極了，如同仙境。假如V失眠，他就會想像著自己漫步在數字的風景裡，安詳又快樂，他從未在數字裡迷路，因為質數就像路標一樣，為他指引著方向……

再回過頭來看看前面提到的雙胞胎孤獨星人計算天才E和F。問他們：「你們是怎麼記得住那麼多事情的，怎麼記得幾十年前數不清的瑣事？」

他們說：「我們看得見！」

他們的腦中儲存著大量畫面，比如各種風景和人物外貌，這些畫面都是他們曾聽過、看過、想過或做過的事情，只要眼睛一轉就能喚起這些記憶，並且看到畫面中的細節。所以他們思考時的樣子看起來不是想起了什麼，而是「看」到了什麼——他們的眼珠快速轉動，就像是在掃描看到的資訊，然後突然停下來。

當一盒火柴從桌子上掉下來，散了一地，他們會不約而同地說出「111」，當別人問他們：「你們怎麼能算得這麼快？」他們會回答說：「我們沒有算，我們看到了111。」

還有能背出圓周率小數點後22,500位數的H。背誦的時候，他把數字「描繪」成風景畫。他首先把一條長的數字分割成不同的小片段：如果某個數字是很亮的顏色，而緊跟著它的數字發

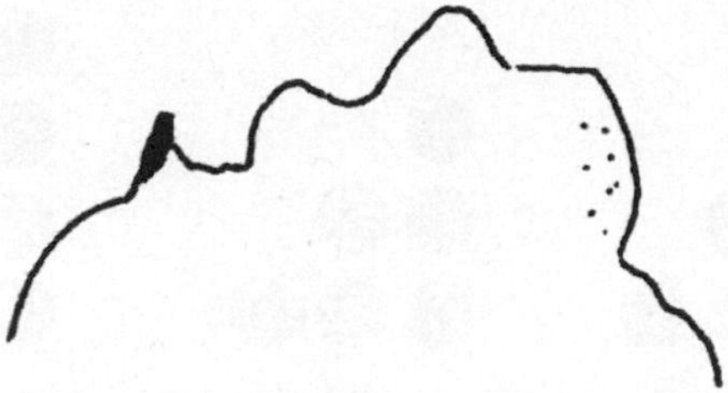

（圖 7-9）

（圖 7-10）

暗，他就會把它們分割在兩個不同的片段裡；如果數字樣子看起來平整，緊跟的數字也如此，他就將它們放在一起。數字愈多，組成的風景就愈複雜，它們鱗次櫛比，構建成他心底的「數字城堡」。背誦圓周率的過程就是一個不斷「搭建城堡」的過程。

比如像圖7-9這樣，這就是他「看到」的圓周率小數點後二十位數。

數字緩緩爬升，接著變暗，經過中間的崎嶇，然後蜿蜒而下。下圖7-10是他看到的小數點後一百位數：

以下是孤獨星人J用「畫面思維」來解決一道高中數學題的過程。

大家可以先不看他的答案，用自己的方式試試。這道數學題是：房間裡共有二十七個人，如果每個人分別和其他所有人握手，那麼所有人合計握了多少次手？

思考這道題的時候，孤獨星人J閉著眼睛想像一個大泡泡裡住著兩個人，大泡泡外面黏著半個泡泡，裡面是第三個人。大泡泡裡的兩個人彼此握手，然後又與半個泡泡裡的第三個人握手，合計握手三次。接著，又有第二個半個泡泡黏在了大泡泡上，第四個人就在裡面，大泡泡裡的兩個人繼續和第四個人握手，分處在兩個半個泡泡裡的第三個人和第四個人也彼此握手，總共握手六次。然後又增加了一個半個泡泡裡的人，五個人彼此握手，共計十次。

握手次數的排序是這樣的：

1、3、6、10、15……

這些數字可以以點的形式排列成如下的三角形（圖7-11）：

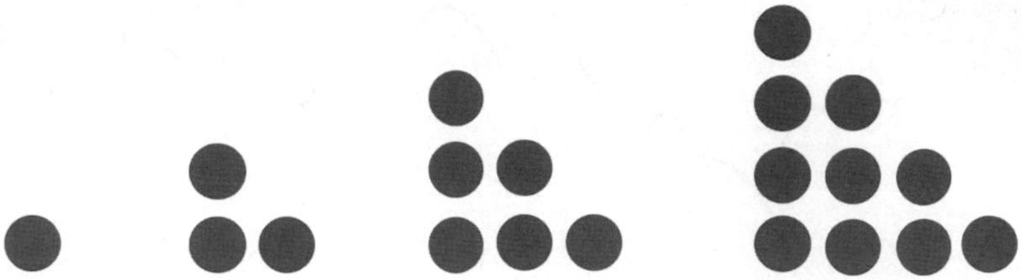

（圖7-11）

三角形的數字是這樣得出來的：1+2=3，1+2+3=6，

（圖7-12）

1+2+3+4=10，1+2+3+4+5=……

如果你留心觀察就會發現，前後兩個三角形數字加在一起就得出一個正方形的數字。比如，6+10=16（4×4），10+15=25（5×5），把六個點的圖形旋轉過來，放在十個點的圖形的右上角，就能看到這個結果（圖7-12）。

知道了握手謎題的答案一定是個三角形數字後，J找到了解答的模式。首先，第一個三角形數字一定是1，而這個數字從兩個人得來的，因為握手最起碼也要兩個人，如果三角形數字的排列是從兩個人開始的，那麼排列裡的第二十六個數字，就應該是二十七個人彼此握手的總和。接著看10這個數字，即上面排列裡的第四個數，它跟4有關：（4+1）×4/2，排列裡的其他數字也都符合這個算式模式，即（n+1）×n/2，比如，第五個三角形數字（5+1）×5/2=15。因此，這道謎題的答案算式是（26+1）×26/2=27×13=351，二十七個人彼此握手次數的答案就是三百五十一次。

地球人也在嘗試著依靠電腦技術來體驗「畫面思維」，比如靠佩戴特別的眼鏡，全心地投入電腦遊戲中。但是這些技術和孤獨星人的「畫面思維」比起來，簡直是小兒科，像粗糙而落後的卡通片，而孤獨星人的「畫面思維」堪比好萊塢製作的《阿凡達》逼真特效。

當孤獨星人構思某樣東西或者解決某個問題時，他們的腦中好像有錄影，可以從任何一個角度觀察，同時還可以旋轉角度。不需要借助任何電腦程式，僅靠大腦，就能完成複雜又高難度的圖形分析任務。

但是，「畫面思維」也是把雙刃劍，如果一個人只是用畫圖的方式思考，就不會瞭解非視覺性思考方式是什麼，就會錯失語言的豐富、朦朧、意境和深度。這也導致了孤獨星人在情感方面的缺失。

高功能孤獨星人K表示，讀《羅密歐與茱麗葉》時，她快發瘋了，因為總搞不清他們在做什麼；讀《哈姆雷特》時，她也搞不清這部戲的來龍去脈。原因在於她不能和那些角色產生情感共鳴，不能同情那些角色，不能理解複雜戲劇創作的動機與目的。她能夠瞭解「簡單的、普通的」情感，卻被更為複雜的情感困擾。

有一次，她和一群地球人一起駕車趕往國家公園，他們選的是一條布滿恐怖急轉彎的驚人路線。一路上，身邊不時閃過陡峭的懸崖，腳下則是巨川咆哮的峽谷，時而還會看到大片的常綠植物、青苔和蕨類。當每個人都為轉彎處的奇景歡呼雀躍，唯有K呆坐著面無表情，不為所動。

「風景很美，但是它們並沒有給我一種特殊的感覺，你們說的那些快樂，我感受不到。」

她重複說著。

曾有人問過K：「妳愛過一個人嗎？」

K說：「我從來沒有陷入過情網，我不知道墜入愛河是什麼感覺。」

「那妳想像那是什麼感覺呢？」

「也許是一種溫柔的感覺吧……我也不知道。」

「感覺不到愛會痛苦嗎？」

「是的……我想，很多時候，這正是我生命中的遺憾。」

五、我們又何嘗不是外星人呢？

有些人已經猜出來地球上根本就沒有什麼「孤獨星人」，我所謂的孤獨星人其實就是自閉症患者。而前面提到的「高功能孤獨星人」則稱為「亞斯伯格症」。亞斯伯格症和自閉症的區別在於：自閉症有社會隔絕、智力發育遲滯、語言缺陷和刻板行為的特點，而亞斯伯格症則只有社會隔絕和刻板行為，不存在智力發育遲滯和語言障礙。

那麼自閉症是怎樣產生的呢？

從心理病因上來說，一開始人們認為自閉症是父母的養育方式導致，尤其是那些有完美主義、淡漠特點的父母。為此還特地發明了一個詞，叫「冰箱母親」。後來，人們發現自閉症兒童的父母，與那些沒患自閉症孩子的父母，其實沒有什麼不同。

還記得我們前面說過，自閉症患者傾向於用第三人稱代詞（他、她）來代替第一人稱代詞（我）嗎？舉個例子，如果你問一個有自閉症的孩子：「你想要喝點兒什麼？」他可能會說：「他想隨便喝點兒東西。」這種現象讓一些專家懷疑人們患上自閉症可能與「自我意識」的缺失有關。想像一下，你不能意識到自我的存在會是怎樣的情況，那時「我」不存在，僅有「他們」！

總而言之，幾乎沒有一種心理疾病是由單一的病因引起，自閉症也不例外。它的出現還跟基因和神經系統的缺陷、染色體變異、分娩時的併發症等有關。

之所以把自閉症患者稱為「孤獨星人」，是因為他們有很多地方和我們大不一樣。但是自認為是正常地球人的我們，在他們的眼中又何嘗不是怪異的「外星人」呢？因為我們很多舉動和他們是不一樣的。

有意識的自閉症成年人，還有他們的父母，經常會為自閉症動怒。他們會問：為什麼大自然或上帝會創造出自閉症、躁鬱症和精神分裂症這類可怕的疾病？

然而，如果導致這些狀況的基因被消除了，人們可能要付出很大的代價。有這些病症的人很有可能更富創造力，甚至可以稱得上是天才……如果科學消除了這樣的基因，整個世界也許就會被「普通的地球人」所控制了！

所有的存在都不應該被輕視，所有的差異都應該被理解。缺陷、不適和疾病，未必就是生命中不可承受之重，它們會產生另一些發展、進化與生命的形態，激發出我們遠不能預料的創造力！

第8篇

睡著以後——驚人的睡眠障礙

人一生中有三分之一的時間在睡覺，一年大概要睡四個月，如果你今年三十歲，其實相當於只「活」了二十年。

這三分之一的時光裡都發生了些什麼？

入睡後的漫長一夜經歷了什麼？

一、睡覺，三分之一的人生

（圖8-1）

心理學的三駕馬車：精神分析、行為主義、人本主義，現在我們就來說說第三個——人本主義。對於人本主義而言，什麼最有名？就不得不提它的經典之作——馬斯洛（Abraham Maslow）「需求層次理論」（圖8-1）。

馬斯洛把人的需求劃分成五個等級：生理需求、安全需求、社交（愛與歸屬）需求、尊重需求和自我實現需求。

每一層的「功能」都不一樣，我們先從最下層的看起：

「生理需求」是指人們對食物、水、空氣、睡眠、性的需求等，它在所有需求中最強有力！當人落水後，為得到空氣而拚命掙扎，這時尊重和自我實現已經不重要。生理需求是最必要的，可以說少了哪個都不能活。

但離開性不能活嗎？注意，這裡的「性」不是指性生活、性快感之類的「狹義性」，它是指物種長期存在所需要的繁衍。

正因為生理需求如此重要，因此馬斯洛才將它作為整個需求理論的根基，大有「皮之不存，毛將焉附」的架勢。

僅僅是吃飽、睡好恐怕還不夠，像《異形》和《終極警探》這類電影說明了「沒有安全保障怎麼活」？「安全需求」說明人們需要穩定、安全、保護、秩序，能免除恐懼和焦慮等，如果你覺得沒有安全感，那就是安全需求還沒有被滿足。

所謂飽暖思「淫欲」，我們的生活不可能與世隔絕，當人們想要交朋友、談戀愛或者參加某個社團等，就是「社交需求」。

假如沒有了報酬，人們還為什麼而工作？有一個故事：

在共產黨領導下的東歐，每個人都有工作，雖然按照西方的標準來看，他們所得的報酬很低，但絕大多數人的基本需要得到了滿足。他們有錢購買食物和衣服，有房子住，經濟、社會和個人安全都有一定保障。二十世紀八〇年代末、九〇年代初，東歐劇變後，許多國營工廠不能按時支付工人報酬，甚至根本沒有報酬，但許多人繼續到工廠工作。在不能獲得相應報酬的情況下，他們為什麼繼續工作？

對於這個問題，心理學家運用馬斯洛的需求理論來解釋：除了經濟原因誘使人工作以外，工作能夠為「尊重需求」和「自我實現需求」提供空間。至少在一段時間內，人們可以靠自尊的「精神食糧」而活。

「尊重需求」包括自尊和希望受到別人尊重。這種需求被滿足時，人會渾身充滿活力，魅力四射，非常自信。相反，要是被「傷了自尊」，就會變得自卑和膽小，如喪家之犬般頹廢。

「自我實現」就是使自己成為想成為的那種人。在人生道路上自我實現沒有高低貴賤之分，只是形式不一樣而已。家庭主婦和職業女性、工人和管理人員都可以按照自己的人生軌跡不斷提升自己，超越夢想！

但是馬斯洛曾「推心置腹」地說過一段話：「追求自我實現的內部傾向不像動物的本能那樣強大、有力且顯而易見。它如此微小、脆弱、微妙，以至於很容易被習慣、文化壓力和錯誤態度所壓倒。」夢想一旦照進現實，就會發覺現實很殘酷。

人的一舉一動無不設法滿足需要：吃飯、安裝防盜門、參加家庭聚會、為考試取得好成績而學習等。現在回望馬斯洛的需求理論，我們發現很多「祕密」。

如同建造房子一樣，需求寶塔的高層比低層出現得晚。比如，嬰兒有生理需求和安全需求，但沒見過哪個嬰兒要「實現自我」，高級需求總要等到長大成人以後才會出現。

寶塔層級愈低力量愈強，潛力愈大，隨著層數增高，其力量也相對減弱。在上層出現之前，必須先「蓋好」下層。當人饑腸轆轆或非常恐懼時，他不會追求自我實現；只有一間房子的人不會考慮把它捐出去做慈善事業（除非他想達到某種精神層面或躁鬱症發作）。

雖然理論上寶塔需求「逐層」建造，但是當低層的需求被部分滿足後，也可以產生「上層建築」。在人類歷史上，有些人能為了實現理想和信念不惜犧牲一切，甚至包括自己的生命，比如「寶劍埋冤獄，忠魂繞白雲」的胡宗憲、「長太息以掩涕兮，哀民生之多艱」的屈原等，一些苦行僧也為了達到靈魂的高度，乾脆就不要肉身了。

為什麼要在這裡提到馬斯洛「需求層次理論」呢？其實只為說明睡眠是有多重要，它是構成需求理論最底層的主要根基之一，也是維繫人們生命的重要保障。

人一生中有三分之一的時間在睡覺，一年大概要睡四個月，如果你今年三十歲，其實相當於只「活」了二十年。這三分之一的時光裡都發生了些什麼？入睡後的漫長一夜經歷了什麼？這就是以下要說的。

二、奔跑的 Sleep Boy

我們把睡眠看作一個奔跑的睡眠小男孩，而每個人都有一個睡眠小男孩，當我們入睡，暫時退出這個世界時，剩下的事就交由他來完成。為了更瞭解我們的睡眠，請出 Sleep Boy 來說一說他的「工作」情況。

大家好，我是 Sleep Boy。在你尚未睡著的時候，我待在原地不動。這時你的大腦處於清醒和警覺的狀態，所以腦電波顯示大量的β波，這種波頻率較高，波幅較小。

過一會兒，你睡著了，身體放鬆，呼吸變慢，我開始奔跑，這是睡眠第一階段。你剛入睡，還處於淺睡狀態，外部稍有一點刺激都能將你驚醒。你的腦電波中不再全是β波，逐漸被α波取代，α波比β波的頻率低，波幅也大。在第一階段的睡眠裡，我大概要奔跑十分鐘。

十分鐘過後，第二階段開始，你愈睡愈深沉，比第一階段更難被叫醒，腦電波也變得更緩慢，只是偶爾會短暫地爆發一些頻率高、波幅大的波，而這些波就是所謂的「睡眠錠」。從下頁圖8-2中看，「睡眠錠」的確是一些「大坨」的東西。

在這一階段，我大概要跑二十分鐘。

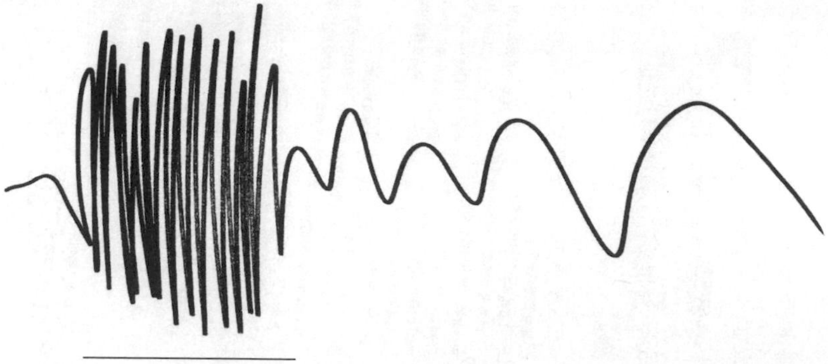

（圖8-2）

從開始到現在我已經跑了半個小時了，進入睡眠第三階段。你睡得更沉了，肌肉變得更放鬆，腦電波中的α波逐漸被δ波代替，它的頻率更低，波幅更大。在這個階段，我大概要跑四十分鐘。

終於，深度睡眠到來了！現在是睡眠第四階段，你的腦電波中絕大多數都是δ波，肌肉進一步放鬆，身體功能的各項指標也變慢。有趣的是，有些人會在這時出點「意外」，比如夢遊、說夢話和尿床。

跑完上面四個階段，我大概需要花費一個小時到一個半小時。有的人會翻身，還很容易驚醒，但是我不打算停留，一路向前狂奔，全新的階段馬上就要到來——快速眼動階段。

如果此時有人站在你身旁，他一定會看到非常詭異的景象：在你緊閉的眼皮下，眼球快速地上下左右滾動，這個階段因此得名。雖然你還處於睡眠狀態，但腦電波活動卻和清醒時一樣，栩栩如生的夢境會紛至沓來。如果你在這時醒來，就能清楚記得夢的內容。

我會在快速眼動階段跑十分鐘左右。

至此，我才算跑完一圈——四個階段＋快速眼動階段，又回到原點。

但我仍然不停下來，會開始下一輪奔跑……在漫長的一夜中，我一遍一遍重複著「非常4＋1」，直至天明！

對於患有睡眠障礙的人來說，他們的睡眠小男孩跑得不順利。以下說明小男孩在奔跑過程中遭遇的各種狀況：

三、失眠的可怕後果

晶晶是二十三歲的法律系學生，她從來沒有睡好過，入睡困難而早晨過早醒來。在過去幾年中，她每週都有幾天晚上靠吃藥來幫助入睡。自去年進入法律系，失眠問題更加嚴重。她躺在床上想學校的事直到凌晨，一晚只睡三、四個小時。早晨起床對她來說非常困難，因此她上午的課經常遲到。晶晶的睡眠問題影響了她的正常生活，讓她變得愈來愈憂鬱……

失眠應該算是最常見的睡眠障礙了，幾乎我們每個人都遇過。長期的失眠不容小覷，會引發身體和精神問題。社會已經為失眠而引起的打瞌睡付出慘痛的代價，比如，死亡事故、家庭破碎、經濟損失等。現代歷史上一些嚴重災難也是由此造成的：一九八六年，車諾比核電站發生核洩漏事故，就是因為工程師睡眠不足，在非常疲憊的狀態下進行實驗引起的。

失眠本身是指缺乏睡眠，而不是喪失睡眠，因為不可能完全不睡。當人持續四十個小時不睡覺，身體就會出現幾秒鐘或者更長時間的「微睡眠」。但這世上有讓人完全不睡覺的病嗎？答案是肯定的——致死性家族失眠症。

這種疾病因死亡和家族遺傳的特點而得名，真的非常罕見，自一九八六年在義大利發現第一例以來，迄今世界上只報導過二十七個家族，共八十二例患者。

來看下面的案例：

一名年近五旬的男子已經半年多不能正常睡眠。在此之前，他的家族三代人中，已有十人在二十～五十歲間患上這種不知名的怪病，相繼死去。醫院神經內科確診他為罕見的致死性家族失眠症。

他一開始的表現為失眠，有時能淺淺地入睡；但在睡眠中，全身會下意識地出現痙攣性抖動，雙臂在空中揮舞，像是抓住了什麼東西，然後使勁塞進嘴裡，但當他醒後卻完全不知道。經過夜間的「重體力勞動」，白天的他無精打采，有些嗜睡卻又睡不著，雙手不停在身上抓撓，腿上、背上都留下深深的抓痕。隨著時間推移，他的病情逐漸加重，完全無法入睡，出現低燒和輕微精神分裂的症狀……

非常遺憾的是，這種病目前無藥可救。為什麼睡眠的「發令槍」會故障呢？除去心理壓力、環境、藥物等原因，有研究認為人之所以失眠，是因為他們的體溫控制有問題。我們都知道入睡後會感到冷一些，那是體溫下降的緣故。但是有些人在入睡前，體溫並沒有降低，會一直「燃燒」到半夜才感到疲憊。這黑夜裡的一把火把「發令槍」燒壞了。

另一個讓失眠人痛苦之處——失眠是個惡性循環的無底洞。人躺在床上無法入睡的時間愈長，他就愈苦惱愈煩躁，愈苦惱愈煩躁，又愈難以入睡。如果昨天晚上入睡不成功，今天晚上的入睡壓力就會變大；如果今晚的入睡壓力變大，更無法成功入睡。每天都抱著上前線送死的心情上床，久而久之，失眠和入睡的環境（床和臥室）之間形成條件反射：只要一看見臥室就不睡覺，一躺在床上就格外清醒。一些失眠症患者在旅館等陌生的環境下睡得才好，而沒有失眠症的人在陌生環境卻因為「認床」而睡不好。

但是，人生豈能輸在起跑線上？

修理「發令槍」的辦法：「刺激——控制」療法出現了，為了消滅失眠與入睡環境之間形成的萬惡條件反射，療法包括以下指示：

1.該出手時才出手——有睡意時才上床睡覺！

2.記住，床上只能做兩件事——不要躺在床上看書、看電視、吃東西或工作，臥室和床只用於睡覺和做愛！

3.清醒時，臥室不宜久留——如果十五~二十分鐘後仍無法入睡，應趕緊離開臥室，等有睡意再返回。

4.每天早上在同一時間起床。

5.小憩通常都釀成了「滔天大睡」——白天不要睡覺！

6.差不多睡一睡就行了，要多少是多——改變自己對睡眠過分「完美」的期望（我需要完整的八小時），和對睡眠後果的誇張估計（如果我只睡了五個小時，就無法正常思考和工作）。

四、突發性睡眠症

美劇《一千種死法》裡講過和睡眠障礙有關的死法：一個金屬工廠的工人經常在工作時不知不覺睡著了。一天，當他把一把椅子推進烤漆爐後，接著坐在椅子上進入夢鄉。但是，同事不知道他在爐子裡，順手把烤爐門關上，開始烤椅子……結果可想而知，這名工人像烤紅薯一樣被烤焦。

這名不幸工人「不知不覺睡著」的事，便是接下來要說的——突發性睡眠症。

(一) 猝倒

「漸凍人」是比「植物人」更殘忍可怕的病症，因為運動神經細胞發生病變，無法刺激患者運動、說話、吞嚥和呼吸的肌肉，結果肌肉逐漸萎縮退化，變得渾身無力乃至癱瘓。最終，患者因為肺部肌肉萎縮無法擴張，導致呼吸衰竭，活活憋死。

突發性睡眠症經常發生「猝倒」，這和漸凍人肌肉萎縮的情況有些類似。只不過這裡我們稱為「突凍人」更合適，因為猝倒沒有經過緩慢的過程，而是突然肌肉放鬆到無法支撐站立，轟然倒下，陷入昏睡。除此之外，猝倒的病情並不像漸凍症一樣是不可逆的，通常只持續幾秒鐘或幾分鐘，然後就從癱軟中醒來，恢復正常。

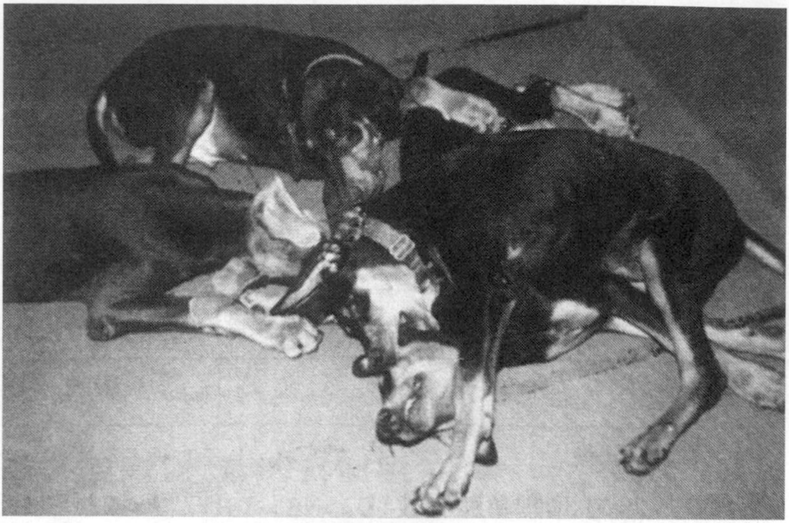

（圖8-3）

猝倒一般發生在人們經歷強烈的情緒之後，比如，正為最喜歡的球隊拚命喝采，眼看就要進球時，突然一下子昏倒在地，不省人事；或者與人發生衝突，正吵得面紅耳赤，突然趴在地上睡著了，這多麼令人沮喪啊！

猝倒是怎麼發生的？還記得睡眠小男孩跑過的「非常4＋1」嗎？猝倒就是快速眼動階段突然出現的結果。突發性睡眠症患者沒經歷睡眠的前四個階段，直接到了快速眼動階段ㄒ而快速眼動睡眠時，阻止大腦給肌肉的信號，肌肉沒了信號，就和電器被拔了電源一樣。

上圖8-3是杜賓犬猝倒時的畫面。

（二）鬼壓床

民間有種說法，人的魂魄分為三魂七魄，睡夢中的人只留心魄在體內，魂會游離出外，如果定力不夠就會遭遇「鬼壓床」。

時值午夜，一片漆黑，萬籟俱寂。平時睡得很好的小陳，今晚突然感到胸口悶，一下子驚醒了。

迷迷糊糊中，他聽到屋裡有劈啪的聲響，隨後泛起一片亮光，矇矓地看到枕頭旁邊站著一個人影，忽而又消失無蹤，心中不由得一驚。他想一躍而起看清楚，可是動彈不得，想喊也喊不出來，唯一能做的只有眼珠子左右轉動。小陳覺得似有千斤重物壓在胸部，而且一直延伸到腳上，同時，他的呼吸變得急促，臉憋得通紅。小陳內心深處喊道：「完了，完了……」結果也沒完，就這樣不知不覺掙扎到了天亮。

「鬼壓床」就是突發性睡眠症的另一個特點——睡眠性癱瘓，甦醒後短時間內無法移動和說話。第一次經歷睡眠癱瘓的人，會產生煉獄般的焦慮和死亡的恐懼，事後會感到劫後餘生。

（三）毛骨悚然的「睡前幻覺」

除了「猝倒」和「睡眠性癱瘓」，突發性睡眠症的第三個特點就是——睡前幻覺。

這是極其逼真的體驗，它在睡眠開始時出現，不僅包括視覺幻覺（看見彩色的圓圈，物體的一部分，而且還不斷地改變大小），還包括觸覺幻覺（被困在火中，被燒傷）、聽覺幻覺（聽到旁人惡毒的咒罵聲），甚至身體移動的感覺（有患者說：「我從床上飄浮了起來，看見自己躺在下面。」）。

這些幻覺如此生動真實，以至於患者醒後信以為真，因此睡前幻覺可以對一種異常現象做出解釋——遭遇外星人。

每年都有很多人聲稱自己看到了外星人或不明生物。大部分UFO事件都發生在夜間，而且60%在睡眠時段發生。關於外星人的描述，與睡眠幻覺非常相似，下面是一段紀錄：

我躺在床上，面對一堵牆，突然心跳開始加速，我能感覺到有三個生物站我旁邊。我無法移動身體，但可以移動眼睛。其中一個男性透過意念嘲笑我，令我感到難堪。他透過心靈感應對我說：「現在你還不知道嗎？除非我們允許，否則你根本不能做任何事！」

關於外星人的真實、可怕故事可能不都是虛擬、想像或欺騙，有一部分人可能受到睡眠障礙干擾；有的人並沒有突發性睡眠障礙，但是會偶爾出現「睡前幻覺」，這可以解釋為什麼不是每一個UFO目擊者都患有突發性睡眠障礙。

五、暗夜裡的行屍走肉：夢遊症

當睡眠小男孩跑到第四階段，人們進入深度睡眠時，有些人好像不甘心「虛度」生命中這三分之一的時間，因為接下來的快速眼動階段將阻斷大腦對肌肉的信號，雖然還處在睡著狀態，他們竟從床上掙扎著爬了起來……

寂靜的深夜裡，一群沒有觸覺、沒有羞恥感的人四處遊蕩，做出種種匪夷所思、瘋狂而虛幻的舉動：有人邊睡邊吃、有人毆打配偶、有人與遇到的每個男人做愛、有人在地板上爬來爬去、有人蹲在廚房的微波爐上脫褲子、有人脫了褲子往衣櫃裡撒尿、有人用刀子割傷自己、有人把手放到沸水裡……

他們是暗夜裡「另類的生靈」——夢遊者。

夢遊症並不少見，多數夢遊者的作為是簡單、單調和安全的，但有少部分夢遊者的行為非常複雜、危險，造成嚴重的後果。來看下面這個案例：

一九八七年五月二十三日，加拿大多倫多一位名叫肯尼斯・帕克斯（以下簡稱K）的二十三歲男子在看電視時睡著了。沒多久，他突然起身，穿鞋，一絲不苟地繫好鞋帶，來到車庫，開車上路。他幽靈般靜靜地穿街過巷，經過二十三公里的路程，到達岳母家，他從後車廂取出修車扳手，闖進岳母家，把岳母從床上抓起來狂打，致其當場斃命，同時自己的手也受了傷。他的岳父上前制止，被他緊緊勒住脖子，險些窒息。行凶後，K駕車回家，倒在床上就睡。第二天，K醒過來卻對整個過程完全沒有記憶，他迷迷糊糊地看著血跡斑斑的手喃喃自語：「我恐怕是殺人了，看我的手。」

對於K的表現和辯詞，相關機構和專家給予理論上的支持，認為他是典型的夢遊症患者，因為K對整個作案過程完全沒有記憶，而且他是回到床上才醒過來的。

普通夢遊者的行為一般分為三個步驟：下床，做事，回床睡覺。K的夢遊明顯複雜得多，從他家到他岳母家有二十三公里，這段距離並不短，還得穿越大街小巷和紅綠燈，他是在沉睡的狀態下應付這一切的？不僅目標明確，還完成了複雜的汽車換擋、判斷交通號誌燈等活動。除了K以外，在人類夢遊歷史上，還有過夢遊者騎馬、開車，甚至嘗試駕駛直升機的例子，怎樣對這些行為做出解釋呢？

我們再來看一下睡眠「非常4＋1」，第四階段是最深的睡眠狀態，大腦停止接收外界信號；不過，此時夢遊者大腦的深層部分會醒過來，而負責高級思維和自我意識的大腦表層部分卻仍處於睡眠狀態。這種大腦「半睡半醒」的分離狀態，使他們下床活動，卻仍處於睡眠狀態。而且第二天醒來時，什麼都不記得。

最終，法庭根據K曾有夢遊史，並不存在明顯的殺人動機，判他無罪。這個判決一時間掀起了軒然大波，因為有很多人認為K是藉夢遊來掩蓋謀殺的真相。但是，K不是先例，早在一八四六年，美國波士頓一名妓女被其情人殺害，她所在的妓院也被焚毀；一九八一年，美國亞利桑那州一個男人刺了妻子二十六刀，妻子當場死亡。他們均以夢遊為由被無罪釋放，由於法律上沒有關於夢遊殺人的詳細規定，如果沒有人證的話，無法判定行凶者是否有罪。

許多人都認為夢遊者夢見什麼就會做什麼，實際上，夢遊與夢境無關。夢是發生在快速眼動階段，而夢遊發生在睡眠的第四深度睡眠階段。

夢境裡發生危險時，大多數人都會驚醒過來，因為人體有保護機制，能避免人們依照夢境行事。大多數人做夢時，無論夢境有多麼危險，都絕少有肢體衝突。但是當保護機制沒有完全發揮作用時，只要一做夢，身體就會隨著夢境活動。比如，夢到在打橄欖球，正跑去接球，這個人從床上一躍，然後摔到地上；有的人夢到自己遭到攻擊，於是開始還擊，結果他對睡在身邊的伴侶拚命拳打腳踢。

人在夢遊的時候，保護機制還會不會發生作用呢？

英國倫敦一位叫茱麗葉的婦女，總是在睡眠中傷害自己。她每隔一天就會夢遊，半夜從床上起來，穿過窗戶爬上屋頂，在砸破窗戶玻璃時割傷自己。

二〇〇五年六月二十五日清晨，有民眾語氣慌張地向倫敦南部郊區的警局打電話，稱他在附近一處建築工地看到一名女孩蜷縮在幾十公尺高的塔吊上一動不動，懷疑她要自殺。警方和消防隊立即趕到現場，當消防隊員小心翼翼地爬到女孩身邊時，卻發現她睡得正香。警方用升降機把女孩接了下來，並安全送回家。這名女孩患有夢遊症，當天，她睡著後夢遊，不知不覺溜出家門來到建築工地，一步一步爬上塔吊，走過一段狹窄的吊臂後睡著了。她知道一切後倒吸了一口氣，在四十公尺高的地方，走錯一步摔下來就會粉身碎骨。

一九九三年，美國愛荷華州一名二十一歲的大學生，在零下一度的氣溫下，只穿一條拳擊短褲跑到高速公路上，隨後被一輛拖車碾死。警方認為他自殺，但他的母親知道他是在夢遊。

既然夢遊存在這麼大的「隱患」，我們該怎麼治療夢遊症呢？這得從病因說起，先看看佛洛伊德的「三個我」：本我、自我、超我。

第一個我——本我，本能的我

「本我」是人類心理最原始的部分，與生俱來，它是所有行動、衝動、悸動……各種「動」的源泉。如果把人的心理比作管道，本我就是那個想把心理管道所有控制閥打開，釋放壓力，不讓人難受的「管道工」。本我也像是被寵壞的孩子，自私、衝動、追求享樂、貪圖安逸……它遵循「快樂原則」，即怎麼快樂怎麼來、想要的東西不能等、不想要的東西不能看！

在嬰兒期，本我在心理處於掌控的位置。當嬰兒對某個玩具「一見鍾情」，就伸手去拿，拿不到就大哭大鬧，本我遵循快樂原則，所以它不講道理，不遵循邏輯，沒有價值觀和道德感。

第二個我——自我，本我的管教者

要是都由著「本我」，世界就失序了，所以「自我」出現。自我遵循「現實原則」，它知道本我的任性與現實格格不入，再這麼隨意下去將惹不少麻煩，因此限制本我進入現實。如果再用管道比喻，自我就是能改變管道方向的管道工。

用小男孩舉兩個簡單例子：他不能偷貨架上的棒棒糖，無論妹妹把他惹得多麼生氣，不能打妹妹。雖然偷東西和打妹妹可能緩解兒童心理的壓力，讓他們覺得好開心，但這種做法與父母要求和社會規定衝突。「自我」避免、改變、延遲了「本我」直接釋放的衝動。

第三個我——超我，我的心理判官

「自我」懂事多了，但是「超我」的境界更高，它教育「我」要懂得社會價值、道德和觀念……而這些內容通常透過社會中各種媒介，比如父母、學校和宗教組織等灌輸給人們。「超我」是另一種類型的管道工，恨不得心理管道中所有控制閥都關閉，甚至希望再多裝點控制閥，控制蠢蠢欲動的想法。

當我們做了錯事，「超我」使我們感到罪惡、羞恥和尷尬；當我們做了正確的事情，也使我們驕傲和自豪。「超我」判定孰對孰錯，就是良心。

而對於夢遊的原因，佛洛伊德這樣認為：夢遊是潛意識壓抑的情緒在適當時機發作的表現。

當本我力量積聚到一定程度時，它想擺脫自我管教；而面對來勢洶洶的本我，一向對其看管嚴格的自我只能暫時放它自由，任它胡鬧。當本我折騰得差不多，能量也消耗了不少，自我便重整威嚴，把本我訓斥回原來的位置。對下，控制住局面；對上，為了逃避超我的責備和懲罰，自我選擇將一切打壓進潛意識，隱瞞不報。夢遊者醒來以後對剛才發生的事一無所知，因為本我完全藏在潛意識之中，而超我又多數存於意識之中，只有自我才能遊走於潛意識與意識。（好狡猾的自我啊！）

透過佛洛伊德分析，我們知道夢遊可算是「願望的補償」。如果患者感覺能用夢遊補償現實生活中的願望，他就會一直「遊」個不停；因此治療夢遊的方法就是讓患者知道用夢遊來實現願望是行不通的，稱為「厭惡療法」。

先看一個夢遊者W的病例：他時常把裝有彈藥的獵槍對準妻子，這種危險的舉動讓他的生活不得安寧。厭惡療法的原理就是我們經常提到的「經典條件反射」，它的治療總共分三步。

第一步：擒賊先擒王——確定治療目標

厭惡療法具有極強針對性，首先你必須確定要棄除的行為，患者身上可能有不只一種「惡習」，但是擒賊先擒王，只能選擇最主要的，或最迫切需要的下手。在夢遊的治療中，我們的目標很明確，就是讓患者不再夢遊。

第二步：下猛藥——選好刺激

厭惡療法的刺激必須強烈！那些不良行為往往給患者帶來滿足和快感，比如飲酒後的愜意、吸毒後的飄飄欲仙，還有夢遊（願望都被滿足了好開心啊）。這些滿足和快感能「勾引」患者重複不良行為，所以厭惡療法的刺激必須遠遠強過那些「誘惑」的力量，才能取而代之。通常這些「猛藥」包括電刺激、藥物刺激和想像刺激等。

這裡來說一下「想像刺激」，這是最另類、但也最安全無害的。看一位想戒掉蘋果派的人接受厭惡療法治療，他得到的指令是：

想像你已經吃完主食，又坐下來打算吃蘋果派。當叉子插入蘋果派時，你會感覺到胃裡有些奇怪的感覺。啊，那是噁心。胃裡的食物渣漸漸冒出來，到了咽部，要嘔吐啦。當你把蘋果派放入嘴裡時，食物渣也湧到嘴裡。你必須緊閉嘴巴，不然食物就會噴一地。你堅持要吃蘋果派，嘴一張開，呃啊，全部嘔吐物都噴在派、叉子、地板上，甚至噴到坐在對面客人的餐盤裡，氣味難聞極了。眼淚、鼻涕、唾液弄髒了你的眼睛、鼻腔和嘴。呃啊……呃啊……看著那些被嘔吐物汙染的蘋果派，你禁不住又嘔吐，無論如何也停不住。你把派推開，起身離開餐桌，一切便恢復如常。你清洗了餐桌，洗淨了臉和手，不吃蘋果派的感覺太好了！

而在夢遊者W的例子，我們的「猛藥」是：一個能發出刺耳聲音的警笛。

第三步：該出手時就出手——把握時機施加厭惡刺激

要想儘快形成條件反射，必須將「猛藥」和不良的行為緊密結合，同步進行，早一步便不會形成聯繫，晚一步又變成懲罰。

讓W的妻子睡床外側，丈夫睡內側，當丈夫起床夢遊時便會把妻子吵醒，妻子立刻拿出警笛，對著丈夫歇斯底里地吹，警笛撕心裂肺的尖銳聲音很快將丈夫驚醒了。這樣持續一段時間後，丈夫再也不夢遊了，所以厭惡療法的關鍵是：設法喚醒正在夢遊的患者，及時中斷夢遊行為。

說到這裡，可以糾正人們對夢遊的誤解：不能叫醒正在夢遊的人，說不定他們會猝死、會傻呆，或者變得六親不認。現實情況是夢遊中被叫醒的人和睡眠中被鬧鐘叫醒的人沒什麼兩樣，他們只是不知身處何處，也不記得發生了什麼事。

六、夜半驚魂記：夢魘

夢魘是個有詩意的詞，如果形容被誰傷了心，可以說：「你是我的夢魘！」說白了就是噩夢，但又不僅是噩夢，夢魘是能夠驚醒做夢者的噩夢！由於夢魘發生在快速眼動階段，所以做夢者醒來後能對噩夢內容記憶猶新，且描述得惟妙惟肖。

夢魘多發生在小孩身上，就像電影《怪獸電力公司》裡的怪物一樣。在他們的世界裡，動力能源就是小孩子受到驚嚇時發出的尖叫聲，於是欺負小孩子，卻不敢騷擾成年人。倘若成年人也被夢魘纏住，多半是因為最近遭遇不幸，比如搶劫、性侵等，造成巨大的心理創傷。有時候睡眠姿勢不對也會招來夢魘（把手放在心臟上入睡試試）。

但有些人在噩夢之後，夢境卻在現實生活中發生了。比如，一個男子夢見他的父親在著火的房子裡被燒死，沒多久，他本人死於發燒引起的肺炎。

夢境真的能預示未來嗎？

若看過佛洛伊德的「潛意識冰山」（請參見第9篇），我們知道潛意識的力量無比巨大，影響整個人的「營運」，我們平時卻覺察不到。而夢其實就是潛意識的「信使」，不能讓兄弟倆「老死不相往來」，它把潛意識想表達的傳遞給意識，人們才能透過夢瞭解潛意識。

可是潛意識很倔強，不想那麼直白，因此夢不是潛意識直接的表達，而是經過偽裝和修飾的，而釋夢就好比翻譯潛意識。潛意識為什麼需要夢做信使呢？因為潛意識想表達的多半是「本我」，主要是性本能和攻擊本能，這些東西不被社會倫理道德接受，如果直接對意識說顯得太放肆了。潛意識的想法總被這麼壓抑著，簡直要憋壞了；於是在人們睡覺時，趁意識的警惕鬆懈，衝動和願望就改頭換面，以夢的形式表達出來。

簡單地說，夢就是願望的補償，榮格 (Carl Gustay Jung) 的經歷可以為我們作證。

> 很久以前，我一直做著這樣的夢。
>
> 在夢裡，我發現房子裡有一處我不知道的地方，這個地方有我父親的實驗室（他在那裡做著各種魚類的解剖實驗）；而我母親則在這個地方開了一家旅店（接待神祕莫測的旅客）。在夢的最後，我還在這個地方發現了古老圖書館，館裡收藏的書，我一本也沒見過。我打開其中一本，發現書中有著大量的、奇妙無比的圖畫。
>
> 當我醒來時，我的心因為狂喜而激烈地跳動著。在做這些夢之前，我曾向一位古董書商購買了一本關於中世紀煉金術士的書。我需要這本書證實關於煉金術和心理學之間聯繫的研究。在我夢中沒見到這本書，但幾週後，書商寄來了這本書。打開書，我發現裡面畫有美妙動人的圖畫，而這些圖畫和我在夢中見到的圖畫非常相似！
>
> 我終於明白那個夢反覆出現的原因了：我的房子象徵著我的意識和我所感興趣的研究領域，而房子中發現的新地方則代表著我潛意識中感興趣並渴望研究的新領域，只是當時我的意

識對此還一無所知。

從我收到這本書開始，三十年來，我再也沒做過這樣的夢，說明我實際生活中的願望被滿足了，所以這個夢沒有再出現的必要。

夢可以補償我們的願望，還可以藉此使心理狀態達到平衡。這可以解釋為何在清醒時有著不切實際的想法、制定與實際能力相差甚遠的龐大計畫的人，會經常夢到從高處墜落；而自卑的人則常會夢到自己在高空飛翔。

只是，夢在滿足願望和補償不足時，同時也警告著：有缺陷的人格，任其發展將面臨危險；如果一直忽視警告，真正的事故便會發生。來看兩個例子：

一個男人最近諸事不順：家庭破裂、事業失敗、朋友反目，可以說進入了人生的谷底。作為一種補償，他發展幾乎是病態的癖好，攀登陡峭險峻的山峰，追求「鹹魚翻身，超越自我」的境界。一天夜晚，他夢見自己在一座高山頂峰踩空，跌入虛無的空間。當他把這個夢告訴他的心理醫生時，醫生立刻察覺到他所面臨的危險，竭盡全力勸說他注意夢的警告，不要再登山。醫生甚至直接告訴他，夢預示著他將死於登山事故；但是，他對心理醫生的勸告置若罔聞。

六個月後，他真的在一次登山中踩空，「跌入虛無的空間」。一位登山嚮導描述當時的情況：「我看到他和他的一位朋友抓著繩子到了險處，他的朋友在崖壁的突起處找到暫時立足點，突然間，他鬆開手中的繩子，身體落在朋友身上，一同跌進深淵，雙雙斃命。」

一個女人過著奢侈豪華的生活，非常富有，趾高氣揚。可是，她總做著令人不安的噩夢：獨自一人在森林中散步，遇到很多人，並與他們瘋狂做愛。當醫生向她揭示可能發生的危險時，她勃然大怒，拒絕聽取任何意見。此後，她做的夢比先前更加恐怖駭人，甚至夢到自己被性侵分屍……但她仍對心理醫生的警告充耳不聞。沒過多久，她真的在森林中遭到一個性變態的殘暴襲擊，身受重傷。幸好有人聽到她的尖叫跑去救援，不然她早就沒命了。

這兩例「夢境成真」的例子並沒有什麼神奇和難以理解之處。女人的夢告訴我們，她潛意識裡對這種形式的冒險懷有隱祕的渴望；而酷愛登山的男人，他潛意識裡希望用冒險來擺脫目前的困境。只是，「人之所以痛苦，在於追求了錯誤的事」，誰也沒有料到，他們為了錯誤的追求，付出如此高昂的代價。

在某些事真正發生之前，夢會預先顯現，這並不一定是奇蹟，在我們生活中，為數眾多的災難皆有著漫長的潛意識預警，但我們卻一步一步向它們走去，對即將發生的災難一無所知。意識不能感知的東西，常常被敏感的潛意識捕捉，潛意識則透過夢的方式向人們發出警報，就像動物可以聞到人類聞不到的氣味。

以上，說了這麼多睡眠中發生的事，我衷心希望大家都能擁有良好的睡眠品質，並且有個好夢。

第9篇

你期望自己變成什麼樣子——潛意識的神妙世界

意識不願面對和承受不了的東西，通通被「下放」到潛意識中。而這些影響的表現就是各種負面情緒和心理疾病。可以說一切心理疾病的根源都是潛意識出了問題。

十步殺一人，千里不留行。
事了拂衣去，深藏身與名。

李白〈俠客行〉中的句子如此灑脫自由，「殺人於無形」，我覺得用來形容潛意識再合適不過了。

在佛洛伊德看來，人類的心理分為三部分：意識、前意識、潛意識。意識是人們當下能夠意識到的所有思想、情感和知覺。不管你正在感受什麼，或者正在想著什麼，它們都處於你的意識層面，而這些只能算是一小部分對你有用的東西。

還有一些東西不像意識那樣時時刻刻存在，但如果需要的話，它們能隨叫隨到，這就是前意識——一些能夠輕易進入腦中的記憶、想法等。比如昨天你穿什麼樣的衣服？小學六年級的時候，你最要好的朋友叫什麼名字？關於你母親最早的印象是什麼？這些資訊都存儲於前意識中。

最後便是潛意識了，相對於前兩者而言，潛意識「神龍見首不見尾」，它從來不為人們所意識，卻能讓人們在談笑間搞定一切！

這看上去高深無比、神祕莫測的「大內高手」才是人類心理中最主要的成分。如果按比例來算的話，意識和前意識占了5%，剩下的95%都是潛意識。以下是非常有名的潛意識冰山（圖9-1）。

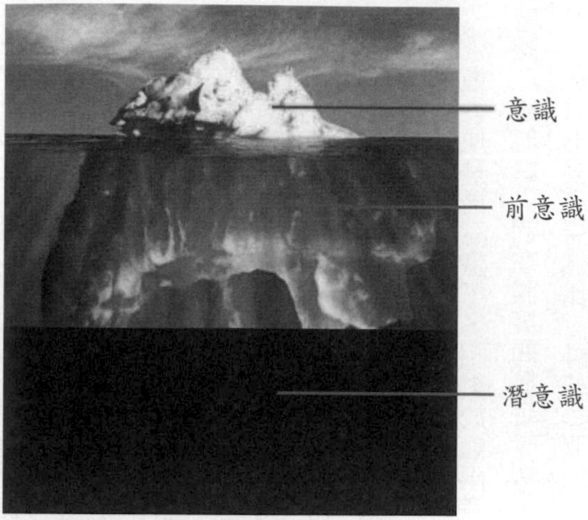

（圖 9-1）

冰山在水面以上的部分代表意識，我們能夠看見的剛好在水表面以下的部分代表前意識，水面以下完全看不見的部分代表著潛意識。

潛意識塑造出今天的你的，我想起了阿根廷詩人博爾赫斯 (Jorge Luis Borges) 的詩：

> 有一個人立意要描繪世界。
>
> 隨著歲月流轉，他畫出了省區、王國、山川、港灣、船舶、島嶼、魚蝦、房舍、器具、星辰、馬匹和男女。
>
> 臨終之前不久，他發現自己耐心勾勒出來的縱橫線條竟然匯合成了自己的模樣。

潛意識資訊量之驚人、內容複雜之程

度，不是凡夫俗子可以想像得了的。如果說意識是小聰明的話，那麼潛意識就是大智慧！而且在潛意識中隱藏著許多不能被意識和前意識接受的東西，它們有可能是骯髒罪惡的，是違背道德倫理的，還有可能是慘絕人寰、滅絕人性的……

總之，如果讓意識知道了這些，人恐怕會躁狂和崩潰。

潛意識幾乎包攬人性的「罪大惡極」，使得意識能夠以正常的狀態示人。

在這種層面上來說，潛意識無疑對意識產生了保護作用，因為社會是不允許人們毫無顧忌地表現自己的各種性本能和攻擊本能的，解決的辦法是一開始就攔截下來，不讓它們進入意識層面。比如，一個對父母非常生氣的孩子，可能有希望父母死掉的想法，但這種想法會讓孩子非常難受，所以孩子阻止這一想法進入意識層面，並把它們壓抑在潛意識中。

平日裡，我們唯一能跟潛意識交會的時候，恐怕只在夢中和催眠裡。

潛意識憑著一身「本事」，真會這麼甘於寂寞，安心蟄伏在內心深處一動不動嗎？答案當然是否定的，來看看潛意識幾次「微服出訪」中留下的蹤跡。

一、潛意識的馬腳

（一）你真的分心了，忘記了嗎？

在日常生活中，我們每個人總會在不經意間犯些小錯誤，比如，一個人本來想說某件事，卻說錯了詞（口誤）；或者想寫某句話卻寫錯了字（筆誤）；又或者在閱讀文章時，所讀非所見（誤讀）；再或者將別人說的話聽錯（誤聽）。我們通常覺得出現這些失誤是雞毛蒜皮的小事，不值一提，而且有許多解釋：

1.有些疲倦或不舒服。

2.太興奮。

3.注意的事情太多，分心了。

人可以自動執行許多程式，即使注意力不足，同樣可以做得準確無誤。比如散步的人幾乎沒有考慮往哪兒走，但他可以毫無偏差地走到目的地；熟練的鋼琴家可以不假思索地準確敲擊琴鍵，下意識地演奏出美妙的音樂。所以如果說失誤是因為注意的事太多而分心，顯然不能成立。

與之相反的，有的時候愈渴望成功，不敢分散一絲一毫注意力，卻往往容易出錯。有人認為這是「太興奮」所致，但為什麼興奮不反過來促進注意力集中，達成人們的期望呢？很多人雖然沒有感到疲倦、興奮和心不在焉，在一切都處於正常狀態的時候仍然會發生失誤。

以上三點看似是解釋，實則是藉口，「世上沒有巧合的事，只有巧合的假象。」每一次口誤、遲到、摔壞其他人東西等小失誤都有特定原因，這些蛛絲馬跡皆是潛意識的表達。

比如，一個人把另一個人的名字「Frank」錯喊成了「Fag」，而「Fag」在英語俚語裡是指男同性戀，這個人內心深處對同性戀的歧視就昭然若揭了。在宴會上，女主人想對男客人說：「你可以吃和喝你所想要的東西。」但是，她實際說成了：「你可以吃和喝我所想要的東西。」她的言外之意是：他想要什麼我已經替他做主了。同樣的，解剖學教授講解鼻腔的結構，當講課結束時，他問聽眾是否能理解他講的東西，在得到肯定的答覆後，他說：「老實說，我有些不信，因為即使在一個擁有幾百萬人口的繁華大都市中，能充分瞭解鼻腔解剖結構的人，也一指可數……不，不，我的意思是屈指可數。」其實他真正想說的是：懂鼻腔結構的人只有他一個人！

凱恩是一名大學教授。一九九二年，他姐姐打電話給他，說他外甥參加了男童合唱團，正好就是凱恩小時候參加過的那個。聽到這個消息，凱恩並沒有為外甥步其後塵而高興，而是感到一種莫名的憂傷。在接下來的幾個星期裡，他愈來愈煩悶，愈來愈焦躁不安，甚至開始對老婆發火，夫妻關係也開始惡化，但是他沒有把這些麻煩與姐姐那通電話聯繫起來。

不久之後，凱恩隱隱約約想起一個叫法墨的男人，這個男人是他在男童合唱團時的管理員。

凱恩在十～十三歲時參加合唱團，如今他已三十八歲了，二十五年後，他第一次回想起跟法墨有關的事：一天晚上，法墨進到他的寢室，坐到他的床上，觸摸他的胸部，然後是腹部，最後將手伸入了他的內褲……這個人已經在他的記憶中封存多年。

為了收集自己遭遇性騷擾的證據，凱恩雇用了私家偵探。結果令人吃驚，法墨早在很多年前便被合唱團解雇了，因為他與合唱團的小男孩關係過於親密。除了凱恩以外，還有一百一十八人受過法墨猥褻，但是他們對此絕口不提。

至此，凱恩更相信自己被性騷擾的記憶是真實的，於是，他決定直接去找法墨談談。他撥通法墨的電話，在電話裡，法墨毫不費勁地記起凱恩。法墨問道：「我可以為你做點兒什麼？」凱恩說：「能否告訴我，你是否為當年對我和對其他男孩做的事感到內疚？」法墨承認自己確實到凱恩的寢室裡騷擾了他，也承認騷擾了其他人，還承認知道對兒童做這些行為是違法的……他們談了將近一個小時，凱恩對電話進行了錄音。隨後凱恩起訴了法墨，法墨被捕入獄。

人可能遺忘諸如性侵犯這樣的創傷性事件嗎？沉寂多年的記憶會因為偶然的事件，比如一通電話，再度浮現？一旦恢復了記憶，會導致憂鬱和焦躁不安等情緒困擾，而本人還不知道其中原委？所有這些問題的答案皆可以用潛意識來解釋。

意識不願面對和承受不了的東西，通通被「下放」到潛意識中。在風平浪靜的意識之下，是暗流洶湧的潛意識世界。當潛意識中的「黑暗物質」累積太多，不免產生動盪，影響到意識。

而這些影響的表現就是各種負面情緒和心理疾病。可以說一切心理疾病的根源都是潛意識出了問題。

回到凱恩的例子，好端端的記憶突然憑空消失，若干年後再次浮現，正是潛意識的「傑作」，把凱恩童年時那段痛苦不堪的記憶壓抑住了，不讓它出現在意識裡。

另一個例子，X先生愛上了一位小姐，可惜他的追求沒有成功。不久，這位小姐嫁給了Y先生。雖然X先生早就認識Y先生，而且和他還有很多業務上的往來，但他總是一再忘記Y先生的名字，以至於每當給他發郵件的時候，X先生都不得不向別人詢問Y先生的名字。顯然，X先生的潛意識想將可惡的情敵從意識中徹底抹去，「永遠都不要再想到他！」

（二）視而不見

早年的子彈不像現在，速度慢了一些，而且效果更加離散，所以子彈穿過大腦會形成一個乾脆俐落的孔道，並不太影響周圍的其他組織。有些受害者在大腦變成了甜甜圈的形狀後，依然能夠幸運存活。今天同樣的創傷路線，子彈能讓腦漿變成爆米花，使受害者一命嗚呼。

T先生就是早年大腦中槍後倖存下來的一位，但他並不是毫無損傷，槍傷給他留下了一份奇特禮物——完整的視覺系統和完全被破壞的視皮質。簡單地說，T先生視覺前端接收裝置（眼睛）沒有問題，可以接收視覺資訊，但是視覺後臺系統崩潰了，沒法處理和分析接收的視覺資訊，他成了「睜眼瞎」。

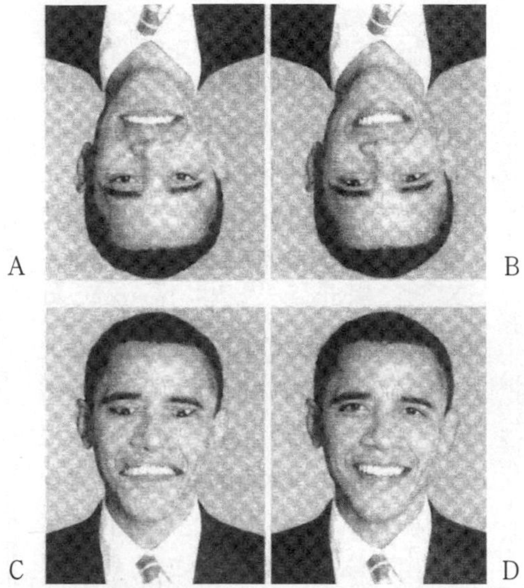

（圖9-2）

我們還知道在人類行為中，「臉」扮演了特殊的角色，這就是為什麼儘管男人們通常關注的並不是臉，但古希臘的海倫依然被形容成擁有「傾國傾城的臉」，而不是「傾國傾城的胸」。無論男人對女人的身材多麼關注，女人對男人的肌肉多麼熱衷，人類大腦裡卻沒有專門分析肱二頭肌和屁股曲線的地方，卻有獨立區域來分析臉——梭狀回面孔區。要說明我們大腦對臉的特殊待遇，請看上面這張顛倒的美國總統歐巴馬（圖9-2）。

在這組圖中，圖C看起來很扭曲，而圖A看起來沒有什麼異常。事實上，A—B與C—D上下兩組圖是一模一樣的，不信你把書翻轉一百八十度看一下就知道了。為什麼會產生這種差距呢？因為你的大腦向「臉」投入了更多精力，所以更擅長發現那些正面朝上的面孔扭曲，而圖A對大腦來說看上去不是那麼像「臉」，所以被忽視了。

我們透過觀察別人的臉來快速判斷他們是開心還是難過，滿足還是不滿足，友好還是危險，面部表情是我們交流的關鍵。我們對突發事件的態度也真實反映在面部表情上，很難抑制或者偽造。「喜怒不形於色」的說法只是針對整體的、大面積的表情而言，細微之處終究難隱藏內心的真實想法，所以才有了一門專門透過表情「洞察人心」的學科——微表情。這也說明人的表情在大部分是由潛意識控制。

那麼T先生的「睜眼瞎」和人類的「臉」之間有什麼聯繫呢？來看下面這個實驗：在T先生面前放上一組人臉圖片，讓他分辨圖片中誰的臉是開心的，誰的不開心。這個實驗聽上去有些可笑，因為我們都知道T先生的視覺後臺分析系統已經完全癱瘓了，他能「看到」東西，但不知道看到的是什麼。

實驗的結果卻非常神奇，T先生竟然在三分之二的對照判斷組中正確地辨認出他所「看到」的臉是開心的還是生氣的。雖然他的意識已經不工作了（視覺屬於意識範疇），但他的梭狀回面孔區，也就是潛意識所掌管的區域，依然正常地接收、分析圖像，能在不知不覺的情況下正確地識別面孔。

幾個月之後，另一組研究者也找到了T先生，想讓他參加另一組實驗。是什麼呢？如果你感覺就要踩到一隻躺在地上的貓時，可能會下意識地避開，這個自動避開的行為是由潛意識主宰的。這組研究者提議，觀察T先生在沒有拐杖的情況下，走過堆滿雜物的走廊的情形。一開始T先生非常不願意，他覺得：「我是個盲人，你們這是在拿我開玩笑！」後來在研究者再三懇求下，T先生同意了。結果出乎所有人意料，包括T先生——他順利從走廊走過，途中避開了垃圾筒、一堆廢報紙和幾個盒子，沒有跌倒或撞上任何物體。當被問到如何完成這個任務，T先生也解釋不清楚。

T先生這種毫無視覺感知能力，卻能夠對眼睛接收的視覺信號做出反應的行為，被稱為「盲視」。盲視是很古怪的病症，但是它讓我們知道大腦除了「意識」外，還有「潛意識」這套獨立運行的系統。

下面是另一個「另類的」盲視案例，箇中意味請大家慢慢體會。

幾年前，我和妻子有許多誤會。儘管我願意承認她是沒有壞心眼的人，但我覺得她太冷淡了，我們在一起生活缺乏柔情。有一天，她從外面回來，給了我一本她買的書，以為我會對這本書感興趣。我對她的「關心」表示感謝，答應會仔細閱讀這本書，但事後我隨手就把它扔到一邊了。我偶爾會想起這本書，卻找不到了。

大約六個月以後，我的母親病了，妻子承擔照顧我母親的重任。在這個過程中，我發現她身上有很多我以前沒有發現的美好品質，我對她的感情又日漸深厚起來。一天傍晚，我回到家

9　8　7　6　5　4　3　2　1

（圖9-3）

裡，下意識地走到書桌旁，當我毫無目的但帶著幾分模糊的信心打開抽屜時，發現抽屜的最上面，竟是那本我找了很久卻遍尋不著的書。

（三）每個人都有盲點

潛意識不僅會代替意識翻譯感官的資料，還會提升、改善這些資料，它必須這麼做，因為我們感官傳輸的資料品質非常低劣，必須將這些資料整理好才能使用。舉例來說，視網膜上有一個點叫「盲點」，如果物體的影像剛好落在這個點上，就會看不到。正常情況下，你不會感覺到這個盲點，因為大腦會根據從這個點周圍獲取的資料來填補這個漏洞。為了讓大家感受一下盲點的存在，我們人工製造了可以發現盲點的情況：

請看上面這幅圖9-3，把本書放在離你的臉約三十公分遠的距離，閉上你的右眼（或者用別的東西擋住），然後，用你的左眼看上面數列中的數字「1」。這時，在你的視野邊緣依然可以看見左邊的那張「苦臉」。現在，頭保持穩定不動，用左眼從「1」向左依次看向「2」至「9」，你會發現那張「苦臉」落入你的盲點，大概會在看到數字「4」的時候消失，然後看到「6」的時候重新出現！

PZLEFA＊AFEQCA

GCDEFA＊AFEZPO

PGLEFA＊AFEDCR

（圖 9-4）

為了彌補盲點的存在，人的眼睛每秒鐘都會微微改變位置，我們可以把這種眼部活動稱為「微掃視」。它可算得上是人類身體進行的最快運動，以至於沒有特殊儀器證明，你根本無法觀察到這種快速的活動。舉例來說，當你讀這些文字的時候，眼睛就沿著字列進行一系列的掃視；而當有人跟你說話時，你的目光就會在對方的臉上遊走。控制著你眼球的六塊肌肉成了最辛苦的傢伙，一天之內的運動就有十萬次！

如果把眼睛看作簡單的錄影機，因為不停地「掃描」使機身顫動，這種情況下「錄下來」的東西模糊得沒辦法看，但是大腦（具體說是潛意識）會默默剪輯和調整來彌補眼睛抖動造成的混亂畫面。

當眼睛傳遞資料時，還存在另一個問題：周邊視覺。請你伸出手看大拇指指甲，你會發現視線集中在指甲蓋，或是指甲邊緣。哪怕你有再好的視力，指甲外區域的視覺清晰度也和重度近視患者看到的沒兩樣。

我們再來做一個實驗，請站在一公尺外，然後看上面第一行中間的那個星號＊（圖9-4），請一直把視線固定在這個星號

（圖9-5）

上，你可能正好能夠看清A和F，然後看E的時候有一點困難，卻不怎麼能看得清其他字母。現在下移到第二行和第三行，你會發現增大的字母給了你一些說明，但是仍然看不清所有字母，這就是周邊視覺產生的效果。

潛意識自動將兩隻眼睛接收的資料合併，移除所有顫動造成的瑕疵效果，根據鄰近的視覺填補盲點造成的空缺。結果就像上圖9-5顯示的那樣，右邊的畫面僅是意識反映出的樣子，左面的則經過潛意識加工。

二、沒有潛意識會怎樣？

我們看過了這麼多潛意識在生活中的表現，也見識到了它的諸多神奇之處，假如一覺醒來，潛意識消失了會怎樣？

首先，從你試圖起身下床就和以前不一樣。人類有稱為本體感覺（又叫肢體位置感覺）的「第六感」，這種感覺時時刻刻監視我們身體的知覺，接收肌肉、關節回饋的資訊，讓我們知道自己肢體的位置來調整身體。比如，當我們舉起左臂時，會不自覺地把身體的重心往身體右側移動，以保持平衡，否則會有倒向一邊的危險。

本體感覺很重要，但我們平時察覺不到它運作，往往不知不覺就可以站立、閉上眼睛、保持平衡……只有在失去時才發現它不可替代，比如Q先生的情況：

Q先生在他十九歲的時候神經受損，完全喪失了本體感覺。此後他就像《綠野仙蹤》裡那個被拿掉支桿的稻草人，他想要站起來的時候，四肢只會糾結地癱軟在地上。當把注意力集中在手腳上時，他可以控制它們，但只要一不留神，它們便開始不由自主地亂動起來。Q先生鼓足勇氣努力練習，利用意識的注意力取代無意識的本體感覺，逐漸獲得一部分控制身體的能力。

他全神貫注地注意自己的身體，學習走路、穿衣服，甚至開車，可是只要看不到自己的身體就會出問題。

有一天，他站在廚房時，突然停電，整個房間黑漆漆一片，於是他也「停電」了，跌倒在地。他看不見自己的身體，也就無法控制它。

你看到的光線、聽到的聲音、觸摸到的溫度，都需要潛意識的處理才能呈現真實的模樣。如果潛意識消失了，那麼世界看起來就會像一團混亂的圖元與顏色，而不是有意義的三度空間影像。

意識依賴潛意識運作，如果沒有潛意識，我們也意識不到什麼，就好比沒有電腦複雜的軟硬體系統運作，電腦螢幕上的東西就不可能存在一樣。

我們假設X先生是沒有潛意識的人，現在X先生打開電視機，聽到新聞報導說：「相親男伸出狼爪，第一次見面就性侵女方。」當你讀這句話時，不必逐字停下來查閱腦袋裡的詞典，它的意思就會立即浮現。你的潛意識正私下狂熱地處理著這些資料。然而X先生沒有這種迅如疾風、快如閃電的查閱能力，每讀到一個詞，他都必須努力思考是什麼意思。

當你聽到「相親男伸出狼爪」時，你會毫不遲疑地理解成這個相親男是個色魔、臭流氓。但是可憐的X先生就不得不停下來仔細想每個詞的不同意思，然後看它們怎樣可以連貫起來。在他還沒想通時，新聞主播早已播報下一條「熱浪襲捲南方各城市」的新聞了。這讓他更加困惑：是不是南方發生海嘯了？

除此之外，沒有潛意識的X先生在生活各方面都舉步維艱。當我們過馬路時，看到貨車衝過來，不用思考就知道危險，會立即跳開。但X先生無法當下感到那種驟增的驚恐，他必須等看到或瞭解卡車對人造成的傷害時，才會猛然一驚；所以當卡車衝向X先生時，他可能會拿出手機上網查這種情況造成的後果是什麼，再做出反應。

如此看來，歸根究柢，潛意識是不可或缺的，沒有潛意識就沒有意識。

現在我們知道人的大腦中同時有意識和潛意識兩套系統存在，就像我們有兩個腎、兩片肺一樣，有雙系統相互備援。但是意識和潛意識的關係與雙腎、雙肺有所不同，比如說：

潛意識是複合系統，意識是單一系統

這點從大腦受損的病人身上可以看出來。大腦的不同區域代表不同的潛意識功能，比如，大腦的某區域受損可能會影響記憶能力，但學習能力則不受影響；中風可能會使語言能力受損，但不影響其他能力。就像我們上面提到的Q先生，他的大腦某個地方受損，影響了本體感覺功能，但是對其他方面的潛意識能力並沒有影響。潛意識好比「並聯電路」，其中一條電路受到破壞，並不影響其他電路正常運行。

那麼意識是什麼呢？

意識是知覺，相當於「觀察者」，比如，老師剛燙了新髮型、好朋友對你的畫的評價、從電腦裡傳來的優美音樂等。你察覺到這些外部事物的存在，說明你意識到它們。同時，意識還是「指揮者」，它不僅觀察和感覺外在事物，還能根據這些事物回饋的情況，積極主動地調控和管理身心。

除了極特殊的情況，比如多重人格，意識可能分裂成兩個或兩個以上的獨立系統，在絕大部分情況下，意識是單一系統，可以被看作是「串聯電路」。

潛意識是「馬上解決」，意識是「事後再說」

人類有潛意識的「危險偵測器」，可以在意識注意之前估量接收的資訊，如果判定有威脅，就會馬上做出恐懼反應。但因為潛意識分析速度非常快，很容易出錯，如果有「穩重」的處理系統修正錯誤就再好不過了。

於是意識出場了，雖然它比較慢，但是可以提供更詳細的環境分析，修正因快速而可能犯下的錯誤。

假設你走在路上，突然看到路中間有一條細長的褐色皮質物，你的第一個念頭是「蛇」！於是連忙停住腳步，倒吸一口氣；待進一步分析卻發現原來是一根樹枝，你繼續上路。你的潛意識先對那根樹枝進行初步的粗略分析，之後意識再進行一次更詳細的分析，意識和潛意識的合作對我們來說是極好的！

潛意識「著眼當下」，意識「長遠考慮」

雖然潛意識能及時發現當下問題，並快速做出反應，但它無法預期明天會發生什麼事，當然無法事先計畫。

不僅如此，潛意識還無法思考過去，無法將過去和將來整理成連貫一致的事件。潛意識實實在在的「活在當下」啊！

在自然界中，具有「未來」與「過去」概念的生物，能做長遠計畫，才有較大的生存優勢。尤其對低等動物而言，計畫未來甚至成了本能，比如，松鼠儲存堅果以備冬天所需，候鳥何時南飛到更溫暖的地方。對我們人類而言，農耕也需要過去的知識和未來的計畫。人類的這些預期、設想和計畫都由誰來做呢？就是意識。

很多衝突是由意識和潛意識分工的，比如，一個人對未來有詳盡的計畫和目標，想達到某種成就和高度，於是意識選擇讓他待在家裡，以便有更多時間去努力；但他的潛意識非常喜歡熱鬧，愛參加各種聚會，與人打交道。潛意識和意識對於「眼前」和「未來」衝突的結果，就是他讓他悶悶不樂！

潛意識「自動」，意識「手動」

騎自行車的時候，人可以毫無障礙地思考其他問題，或者與別人交談，沒有意識自己該如何維持車的平衡；人可以邊熟練地一邊彈奏鋼琴一邊演唱歌曲，不用考慮怎麼分工……這些不知不覺又輕鬆自如的行為，都是在潛意識作用下完成的，讓我們一旦學會這些複雜的行為，便無須刻意留心怎麼做。

同樣，我們不常設想要怎麼思考，它就自動發生了，正如彈鋼琴可以自動化，大腦也可以自動處理資訊。比如我們在聚會中，潛意識一邊阻隔其他人交談對自己的干擾，一邊又「監聽」這些人談話，所以當某人談話中提到你名字時，就會引起你的注意，朝他張望過去……

「自動化」的潛意識還體現在我們與某人初次碰面，會不知不覺地將他歸為某類人。別小看歸類，這需要潛意識進行複雜而大量的處理工作，首先將接收到的資訊分門別類：種族、性別、年齡等，再檢索自己的「資訊庫」，逐條做匹配和分析……我們做得毫不費力，相較之下，意識思考則費神得多，因為它涉及集中注意力的問題。

三、神奇的暗示

N是著名的電器設備發明家，當他心中有了新的想法時，他就先構想出雛形。他知道潛意識會自然而然地向他呈現其他細節，從來不刻意去想怎麼改進，也不過分探究，他就是隨意而為，面對作品時，想法會自然而然地湧出，填補他的構思。

F是著名的化學家，他在實驗室裡工作了很長的一段時間，他想知道六個碳和六個氫原子組成汽油時，分子式怎麼排列。這個問題困擾了他很久，一次，他打盹時，潛意識突然向他提示：一條蛇在咬自己的尾巴，並且盤旋運動像個玩具風車。一下子，他的問題解決了，後來人們所知道的苯環原子環形排列，就是這樣產生的。

A教授是著名的自然主義者，幾週來忙於辨認石板中一條魚化石的種類，但化石的外表模糊不清，疲憊之下，A教授暫時放棄辨認。一天晚上，他夢到這條魚沒有被辨認出來的部分，夢醒後，他努力回想夢中的細節，但是想不起來；他回到工作室，想看著魚化石追憶夢中印象，但是毫無結果。第二天，他又夢到魚，但是醒來後又忘了；第三天晚上，他睡覺前在床頭放了筆和紙，希望能再夢見魚。在早晨快醒時，果然又夢到了，而且很清楚！他終於用筆將魚畫下來，他匆忙趕到工作室，用鑿子按他在紙上的草圖鑿了起來，當魚化石完全暴露時，與他畫的魚完全一樣！

四十多年前，D是一位著名的醫生，一直關注糖尿病的治療，他知道這種病給病人帶來多大的痛苦。當時在醫學界尚無藥物能對症下藥，D花了大量時間進行研究實驗，想解決這個國際醫學難題。一天晚上D疲倦地睡著，在夢中，他夢見自己從狗的退化胰腺管中抽取殘液……這就是胰島素的起源，幫助成千上萬名患者。

此類例子不勝枚舉，潛意識就是這樣「造福人間」的，它讓人有了超人的悟性和洞察能力，而且，人們在對某些事情持續關注時，所關注的內容會被寫進潛意識。在我們不注意的時候，比如夢中，潛意識開始動用它的力量幫我們解決問題。當你為某件事絞盡腦汁而不得結果時，不妨先睡一覺！

潛意識神奇的力量是我們早已瞭解的，現在關鍵問題是：我們如何能在清醒時掌控它，為己所用？因為我們不可能一直睡覺，靠做夢來悟出點什麼。其實答案很簡單——暗示！

暗示能有多厲害？

這個問題讓我想起了電影《殺生》。主角「牛結實」平日裡飛揚跋扈，這種行徑在封閉的深山小鎮中尤其離經叛道、傷風敗俗，令眾人無法容忍。每個人都盼著他死掉，但又不想背負殺人犯的罪名。於是他們想到一條妙計，每一個見到牛結實的人都跟他說：「你的氣色看上去太差了，一定得了什麼不治之症！」人們用各種方式施加「暗示」，讓牛結實覺得病入膏肓、無藥可救，不久，他就真的死了。

再來看下面這個例子：

一塊木板架在淺溝上，試著從木板的一頭走到另一頭，這很容易；同樣的木板架在萬丈深淵上，再想從一頭走到另一頭，就不是那麼輕易可以做到的了。你可能會膽戰心驚地邁出一、兩步，然後趕緊撤回，如果不及時止步，就會有墜落的危險。為什麼同樣一塊木板，兩次的反應會如此不同呢？

當木板架在萬丈深淵上，對你產生「墜落」的暗示，「墜落」意味著危險和恐懼，你的潛意識會立刻預見到有墜落的可能性，並做出反應——後退。儘管你用邏輯說服自己：「架在萬丈深淵上的木板和架在淺溝上的木板是同一塊，剛才我成功走過去了，這次也一樣能成功。」但實際上你做不到，因為邏輯思維是意識層面的事，潛意識已經替你做主，接受「墜落」的念頭。如果你堅持踏上木板的話，很可能會真的墜落喪生。這就是暗示的力量！

但是，不是任何暗示都能起作用，來看這個例子：

一位女乘客正站在船的甲板上，海浪輕輕起伏，她感到輕微的搖晃。這時你對她說：「天哪！妳一定很不舒服吧？妳的臉已經發綠了！妳是不是有點暈船？要不要我扶妳到船艙裡去？」這位女乘客的臉馬上就會變得毫無血色，同意你的提議。但如果你對一位老船員說：「嘿，兄弟，你看上去有點兒不舒服，是不是暈船了？」他卻不會被你影響。

為什麼同樣的暗示對不同人有不同效果呢？因為他們的潛意識狀態不同！

女乘客接受你的建議，因為你的暗示和她的恐懼不安形成共鳴，這足以讓她相信自己有些暈船了，於是她同意你扶她回到船艙，你的口頭暗示變成了事實；而這種暗示對於老船員來說沒有效果，他的潛意識已經堅定地對暈船產生免疫。

所以，只有對方或自己真正信服暗示的內容，暗示才能發揮作用！

掌握了這一點，你就可以大肆享受暗示帶來的好處，最著名的例子就是「羅森塔爾效應」，又叫作「皮革馬利翁效應」。

羅森塔爾效應得名於美國的社會心理學家——羅伯特・羅森塔爾（Robert Rosenthal）所做的實驗。他和他的團隊來到一所中學，他們要求十八個班級的孩子都要完成一項智商測驗，然後將智商測驗的結果告訴老師，但學生不知道他們告訴老師，這項測驗可以知道哪些孩子智商超常，哪些智商正常；然而所有孩子都是隨機抽選的，和他們的智商測驗結果沒有任何關係。

令人震驚和發人深省的是八個月以後，另一項智商測試結果顯示，大約一半被標上「正常智商」的孩子的智商測驗分數提高了十分，被貼上「超常智商」的孩子，將近20％的人分數提高了三十分以上。孩子神奇地變成了他們被「期望」的樣子！

顯然，羅森塔爾的「權威性謊言」發生了作用，因為這個謊言對教師產生暗示，左右教師對名單上學生能力的評價；而教師又將這一心理活動透過情緒、語言和行為「傳染」給了學生，使他們強烈地感受到來自教師的熱愛和期望，變得更加自信和自強，從而在各方面得到異乎尋常的進步。

你期望什麼就會得到什麼，你期望變成什麼樣就會變成什麼樣！

只要真的相信事情會順利進行，事情一定會順利進行，相反，如果你相信事情會不斷受到阻礙，就會產生阻力。對人傳遞積極的暗示會使他進步得更快、發展得更好；向人傳遞消極的暗示則會使他自暴自棄。

請你給自己一個暗示：看過這本書以後，我會變得更聰明、更有智慧，對心理學更感興趣，然後更快樂！

好了，你正在成為這樣的人！

第10篇

消失的屁股——神奇的九層催眠空間

我們在遇到人生的打擊和無法承受的痛苦時，
靈魂也會被「撞」得七零八落、面目全非，
有的人不願意將靈魂「歸位」，
因為那意味著將繼續面對痛苦。

（圖 10-1）

「世上最強大的寄生蟲是什麼？細菌、病毒，還是腸道中的蠕蟲？……不，是意識，頑強無比，感染性極強，你頭腦中一旦形成一個意識，就幾乎無法抹去。只要這個意識完整而被理解，就會深深根植在大腦的某個地方。」電影《全面啟動》一開頭這樣說道。

催眠，作為另一種進入潛意識的方式，與「盜夢」有著異曲同工之處。電影中的「富二代」在夢裡被成功地植入一個想法，從而改變他的潛意識世界，左右他在現實中的決定。在真實生活中，發生在被催眠者身上的神奇狀況有過之而無不及！

比如上圖10-1的「胸口碎大石」：

在圖畫中，被催眠者只有頭（肩膀）和腳接觸椅子，身體中央沒有任何支撐。他的肚子上被放了一塊將近一百公斤重的大石頭，接著，一位身強力壯的男人用錘子砸石頭，敲了十幾下才將石頭砸碎，被催眠者的身體像被冰凍過一般，硬邦邦的，一動不動。這種肢體僵硬的現象在催眠中很常見。

再來聽聽露露小姐的故事：

二十一歲的露露小姐飽受牙齦感染之痛很久了，她終於忍不住去看了醫生。醫生檢查後說：「都腫成這樣了，先用刀把牙齦劃開放膿好了！」露露小姐一聽，兩腿一軟，明確告訴醫生：「我有針頭恐懼，打麻藥是不可能的事，但是不打麻藥的話，我也撐不住！」醫生聽完了心想：「這要真疼到休克了還得搶救，但要是不治的話……豈不是等著爛掉？」一籌莫展時，他突然想到自己的一位同學是催眠師，聽說能用催眠麻醉病人，何不叫他來試試？

當這位催眠師趕來，跟露露小姐進行了一番「@#¥%……&*」的談話後，露露小姐很快進入了深度催眠狀態。這時，醫生用刀子割開她的牙齦，她感覺不到任何疼痛。

除了剛剛說的例子，還有「時光魔藥」。

時光魔藥是發人深省的催眠表演，它可以證明一句話：「你的心態有多年輕，你就有多年輕。」年齡很大程度上是由腦中的信念決定的。

首先，催眠師拿出兩瓶神奇的時光魔藥，一瓶是紅色的，喝下去後可以讓人變年輕；一瓶是藍色的，喝下去後會讓人衰老。

接著，催眠師對一名被邀請上臺的年輕觀眾進行催眠，然後給他喝下了紅色的魔水，說：「當你喝下紅色魔水後，它會浸透你全身，讓你愈變愈年輕，直到變回小孩子。」表演者的身體開始發生變化。催眠師繼續暗示：「魔水還在進一步發揮作用，你變成了嬰兒，還沒學會走路，只會四肢著地爬行。」表演者開始在舞臺上匍匐。接下來，讓人目瞪口呆的一幕發生了。催眠師繼續暗示：「魔水繼續發揮作用，讓你一直回到母親子宮裡的胎盤上。」表演者聽完像胎兒一樣緊緊蜷縮起身體，愈蜷愈小，到了不可思議的程度，彷彿新生的嬰兒般。

然後催眠師又拿起藍色的液體，對表演者說：「我現在把藍色的魔水給你喝，讓你逐漸恢復原本的年齡，然後變得更老。」表演者喝下了藍色的魔水。催眠師接著說道：「魔水開始發揮作用……你的年齡開始增加……你又變成了嬰兒，然後是小孩子，然後是年輕人……你恢復了原先的年齡。」隨著暗示，表演者先在地上爬行，然後立起身來，恢復常態。「但是藥水還在發揮作用，你變得愈來愈老，成了十足的老人。」表演者慢慢表現出老態龍鍾的樣子，這時如果遞給他一根拐杖，他會拄著拐杖蹣跚行走……

神奇的催眠現象該用什麼來解釋呢？要想搞清楚這個問題，得先來認識精神疾病——「分離性障礙」。

一、被操控的靈魂：分離性障礙

我們正常人都由「肉體」和「靈魂」組成，「肉體」是外部皮囊，看得見、摸得著，是真實存在的東西，如胳膊、腿、內臟、血液等；而「靈魂」是內在的控制系統，我們看不到，摸不著，卻又實實在在影響著我們，如記憶、意識、情感、思維等。「肉體」和「靈魂」只有緊密結合，協調一致，才能保證身體正常運行。

如果在過馬路時遭遇車禍，肉體可能會被撞得四肢「凌亂」、內臟錯位（說得有點慘了）：在遇到人生的打擊和無法承受的痛苦時，靈魂也會被「撞」得七零八落、面目全非，有的人不願意將靈魂「歸位」，因為那意味著將繼續面對痛苦，所以人們逃避痛苦的一種極端形式，就是「攜靈魂私逃」，出現「分離性障礙」。

分離性障礙的「分離」有幾種形式：

一種是受傷的靈魂走了，但是沒有對肉體撒手不管，它給自己找了多個替身，這些替身輪流值班，而原來的靈魂也會不時回來看看。這種大家應該非常熟悉，那就是分離性身分識別障礙——「多重人格」。

還有一種，受傷的靈魂走了，只安排了一個替身，這個替身會在它不在的時候安排肉體「遠行」，等原靈魂回來，卻發現不知身在何處。這種情況就是「分離性漫遊」，它與多重人格最大的區別：分離性漫遊愛「旅遊」，而且不會出現多個人格之間的來回轉換。就像下面這個案例：

四十六歲的A警長，有一次分離性漫遊發作，醒來後發現自己遠在離家三百二十公里的地方，他立即打電話給妻子，卻記不得這幾天做了些什麼。

後來據目擊者描述，雖然A是個警長，但在這段「旅行」中，他變成了胡作非為的人，而這正是A警長私下羨慕的樣子，他給自己取了假名，喝得酩酊大醉，與街頭混混狼狽為奸，去妓院和參加性愛派對……

第三種，靈魂出走了，卻沒有安排替身，肉體沒有靈魂掌控——人格解體。這種情況導致患者感覺自己的意識游離於身體之外，如同一個旁觀者。就像安小姐的情況：

安小姐是二十多歲的舞蹈教師，她經常說感到自己被「彈出」。

當問到她「彈出」是什麼意思時，安小姐說：「這恐怕是世界上最恐怖的事，它經常發生在我上舞蹈課的時候。我站在學生面前示範舞步，突然，我覺得這不是真正的我，我沒有辦法控制自己的雙腿，我只是站在自己後面看。我還有「管狀視覺」，好像只能看到正前方一塊很小的空間，我覺得自己從周圍發生的事情中分離出來。接著，我就開始恐慌、出汗、全身發麻……」

我為什麼要在這裡提到精神疾病呢？因為催眠的狀態就是一種「變異」的心理病態。心理病態中出現的幻覺、感覺異常、夢遊等，在催眠中也可能發生。它們的區別在於心理病態是在違背人們意願的情況下失去控制，而催眠狀態則是人為引導和控制的結果，不影響被催眠者的人格健康。

（一）X男孩的放射眼

拿舞蹈老師安小姐的例子來說，她在人格解體時出現所謂「管狀視覺」，其實就是催眠中一直睜著眼睛的被催眠者經常出現的「隧道視覺」。隧道視覺，顧名思義，就像身處隧道一樣，除了眼前的物體能夠聚焦外，周圍都是黑暗模糊的。

除此之外，被催眠者還能將眼前正常狀態的物體，「親眼」看成是黑白的、萬花筒的、底片效果的……像是照片經過處理一樣。還可能「指鹿為馬」，將真實的物體看成是想像的物體，比如將催眠師的臉看作是另一個人的。而閉著眼睛的被催眠者則會在腦海中出現「圖案大爆炸」！那些過往的記憶復活，各種不同的幾何圖形和有象徵性的符號在腦海中「翻雲覆雨」……

以上這些視覺「變異」，和下面的案例比起來是小巫見大巫。因為這個例子不僅刷新了人類對自己視覺能力的認知高度紀錄，還挑戰了科學！迄今，沒有人能夠清楚解釋這種現象。

故事的主角是個只有十二歲大的小男孩雷雷，被父親催眠後，雷雷的眼睛有X射線般的功能，能夠穿透人身上的衣服、皮膚和肌肉，清楚看到人體的骨骼和內臟器官！更神奇的是，還可以看到人體內部組織的原本顏色，紅色、白色、褐色，甚至可以看到藍色的靜脈血，而這點連X射線都做不到（使用X射線看到的組織是一片陰影）。

他的「射線眼」被無數專業人士親歷見證過，其中有位醫學博士柏特回憶道：

我第一次看到雷雷的表演是在二月的一天下午，他的父親帶著他來拜訪我。我們的護士長樊女士將他們帶到我的辦公室。那時，樊女士重感冒，她聽說過這個男孩的「射線眼」，開玩笑似地要求雷雷為她「檢查」身體。

雷雷的父親同意了，沒過多久就讓雷雷進入催眠狀態。雷雷用圓圓的雙眼盯著樊女士大約一分鐘，然後說：「爸爸，我在她的肺部發現了一個大瘡，它聚在那裡，看起來就好像肺部在流血一樣……」還沒等雷雷說完，樊女士就聽不下去了。

他們走後，樊女士跟我說她吐過一、兩次血。我很驚訝，問她要不要去做檢查，她覺得目前的健康狀況沒有問題，吐血可能是胃出血。這件事也就這麼過去了，然而，在六月的一天，樊女士因急性肺結核去世了……

（二）人頭氣球

繼續看安小姐的表現：沒有辦法控制自己的雙腿、覺得自己正從周圍發生的事情中分離出來……以上便是被催眠者的異常感覺。最常見的就是感到身體某一部分消失，或者「自立門戶」，離開身體單獨行動。比如，感覺到自己的腦袋變得異常大，像是充滿了氣體，最後擺脫身體的控制，獨自飄浮在空中。這讓我想起了伊藤潤二的恐怖漫畫《人頭氣球》。

類似的還有「消失的屁股」。催眠師告訴被催眠者，當他們坐下時，發現自己的屁股沒了，接著，被催眠者真的發現自己的屁股「不見了」！那該怎麼坐下呢？這些人覺得很困惑，嘗試用不同的辦法來解決問題。比如，把枕頭裹在屁股上，為自己做個假屁股，或者用手當作屁股來支撐身體……整個場面看上去非常搞笑。

以上種種，就是被催眠者在催眠中出現的「幻覺」。

（三）我怎麼會在這裡？

我們回顧一下，看看離家出走的A警長，他在遠行時做的事，就是被催眠者在催眠中經常出現的「夢遊」狀態。來看下面的例子：

我們稱這名被催眠者為B。催眠師將B催眠後，要他去偷一支手錶。這支手錶被鎖在一個被人隨身攜帶的小密碼箱裡。這個密碼箱有個特點：密碼鎖從被觸動開始，如果十五秒內沒有輸入正確密碼，或被暴力強拆，便會發出警報；但是B竟然成功把手錶偷到手了，而且他還找地方「銷贓」。

催眠師接著製造了更戲劇性的場景，他讓B「看到」一個想像中的人站在門口，告訴B那個人曾經侮辱過他，並給了B一把想像中的匕首（其實是梳子），命令B殺了那個人！只見B快步衝到門口，毫不猶豫地用匕首刺向那個人（其實是對著空氣揮舞）。事後，B極度驚慌地站在那裡說：「他死了，他在流血，警察馬上就要來了……」

當B從催眠中清醒過來後，他只相信自己靜靜地在椅子上睡了一覺，對先前的「精采表演」一無所知，就像A警長在「旅途」結束後不知道自己身處何地、做過什麼一樣。這是催眠中經常發生的情況——失憶。

比A和B這種情況更嚴重的是，被催眠者會完全喪失一段真實的記憶，比如，忘了自己學過的一門語言；但不是所有被催眠的人都會喪失催眠時的記憶，有的人可以記起一部分，比如，一名被催眠者在被催眠後，想像屋子裡有一隻小鳥，他試圖抓住牠，餵牠吃的，把牠放進想像中的籠子裡……當他清醒以後，只模模糊糊地記得自己曾看過一隻鳥。

更好的情況是，被催眠者能完全回憶起催眠時發生的事，甚至讓人記起十幾年前發生的、原本早已忘記的事。

所以，從催眠中醒來後的記憶程度是：

忘掉 ← 記住

喪失真實發生的記憶

喪失催眠中的記憶

回憶部分催眠中的記憶

回憶全部催眠中的記憶

回憶真實發生的記憶

造成差距的原因是什麼？而且在催眠中，為什麼有的人身體僵硬，有的人會夢遊，有的人產生幻覺，這便是我們以下要說的。

二、催眠九層地宮

電影《全面啟動》裡總共造了四層夢，如果算上Limbo（混沌狀態），那麼總共是五層。夢的層數愈多愈不穩定，稍有外部的影響，夢境就會瓦解。催眠比《全面啟動》裡的夢複雜得多，因為它有整整九層。

第一層

處於催眠地宮第一層的人通常舒服地閉著眼睛，卻矢口否認自己睡著了，只說感到眼皮沉重。他們好像根本沒進入催眠狀態，沒有出現僵硬、錯覺、幻覺……

但是催眠的影響已經確確實實發生了，這時如果暗示他身體某個部位發熱，他們便真能感覺到這個部位在發熱。

第二層

與在上一層的表現基本相同。唯一的區別是，這時他們即使想努力睜開眼睛也辦不到了，催眠的影響加深。

第三層

這時，身體出現僵硬的情況，儘管還遠不到「胸口碎大石」的程度，但這時可以一動也不動。如果抬起他們的胳膊，鬆手之後，依然保持高舉著不動；如果抬起他們的腿，鬆手之後，仍然高抬著。

如果他們要換個姿勢，便會從催眠中醒來，因為這需要恢復意識，藉助意志的力量完成。

第四層

到了這一層，很多人都會承認自己受到了催眠影響，因為他們身體更僵硬了。除了這個，一個新的症狀出現——自主運動。自主運動又稱「自動運動」，是被催眠者看到催眠師做出某種動作後，不知不覺地進行模仿，他們不只模仿簡單動作，甚至可以在被催眠者面前擺上洗衣機、打字機、打蛋器……

第五層

身體終於達到「胸口碎大石」般的僵硬狀態。自主運動會繼續出現，而這時跟第三層不一樣，人們即使想改變身體的姿勢也做不到了。

第六層

儘管還有些猶豫和遲鈍，被催眠者開始「服從指揮」，做催眠師要他們做的事——夢遊。只是夢遊的動作比較簡單，比如行走、停住。

第七層

夢遊出現得更頻繁，行為也變得更複雜。

第八層

前七層出現的所有情況在這一層都可能發生，包括身體敏感、僵硬、自主運動、夢遊……雖然還不會出現「幻覺」，但是它已經「蓄勢待發」了。

第九層

幻覺終於現身了！

在很多情況下，它們是完整而栩栩如生的，就像我們在前面提到的一樣。

在《全面啟動》裡，對於遊走的幾層夢之間有嚴格限制。想進入下一層夢，需要在這層夢中有一個造夢者造出下一層夢；而若想回到上一層夢則必須在這層夢中死掉，或者在上層夢中受到強烈失重的身體刺激，比如墜落。

那麼在催眠的空間裡穿梭也是如此嗎？答案是，沒那麼麻煩！

被催眠者可能一開始便直接陷入深度催眠的狀態，然後轉入輕度或中度，而後又從催眠中醒來，最後再次進入深度催眠，可謂起起伏伏、隨心所欲、遊刃有餘、暢通無阻。

而且，並不是催眠的狀態愈深，催眠的效果就愈好！最合適的才是最好的。比如，前面提到，如果想達到「自主運動」的效果，把催眠的深度控制在第四層即可。

在《全面啟動》中，假設大腦的功率在夢中是正常狀態下的二十倍，所以第一層夢的時間如果是一週，第二層就是半年，而第三層則是十年。在催眠的時間上有沒有這樣的假設呢？答案是，沒那麼多講究！

既然人們可以隨意出入催眠的各個空間，那麼在時間上也可以靈活變通。比如，你可以「返老還童」退回到過去，也可以「未卜先知」進入未來。你還可以扭曲時間，像體驗一小時那樣去體驗一分鐘；或者像體驗一分鐘那樣去體驗一小時。以下就是個「時間延長」的例子，被催眠者在實際的一分鐘裡，經歷了行走十分鐘、用斧子砍樹十五分鐘、聽音樂十五分鐘、學習半個小時、跟朋友說話一小時……

正因為催眠能改變被催眠者的時間感，即使催眠結束了，催眠的影響也沒有結束。催眠師可以藉助暗示讓被催眠者在二十四小時，或者一個月，甚至更久之後，做出某些特定的行為或反應。曾經有這樣的例子：催眠師告訴被催眠者，再過四萬三千三百三十四分鐘後用手畫一個十字，而被催眠者在準確的時間做出了這個動作（儘管此時他已不記得當初催眠的內容，甚至不記得被催眠過）。

為什麼會出現這種情況？因為在催眠中，被催眠者的潛意識接受了這個指令，開始執行，計時啟動……潛意識的「時間記憶」相當準確，只要規定的時間到了就讓身體做出指令中規定的動作；但是被催眠者的意識對此一無所知，因為指令刻意繞過了意識，所以人清醒過來時對潛意識「私底下」進行的計時毫不知曉。

這可以解釋為什麼在催眠表演中，當催眠師一抬手、一擊掌，表演者就立刻進入催眠狀態。因為在此之前他們就受過催眠，催眠師告訴他們，再過多久，我做出什麼動作，你們就再次陷入催眠！而觀眾們不知情，以為催眠師僅憑簡單的動作便能發揮威力。

在《全面啟動》裡為了區別夢境與現實，使用了圖騰。比如，陀螺、骰子和象棋。而在夢裡，人們不清楚怎麼開始，不知道自己怎麼來到此地。

順便說明如何分辨催眠真假。首先，毋庸置疑的，被催眠者的身體力量和大腦運轉程度遠強於正常狀態，比如「胸口碎大石」和成功打開密碼箱。其次，當被催眠者陷入最深層催眠時，他們的表情、舉止和聲音都會明顯改變，跟正常狀態不一樣。很多被催眠者會表現得比平時更加優雅，就好像他們體內另一個更高層次、更睿智迷人的人格在我們面前甦醒了，所有低俗粗劣的部分全被掩蓋。

他們把靈魂脫得「一絲不掛」，毫無保留又純潔無邪地呈現在我們面前。這讓我想到電影《香水》中，所有人在廣場上不分男女老幼集體脫光光，相互愛撫，卻絲毫沒有猥瑣感。甚至有的被催眠者臉上會出現聖潔無瑕的表情，遠勝過無數偉大的藝術家所演繹的聖母瑪利亞和天使。看見的人會瞬間想起人世間所有的愛和美好……如果孟子知道這個情況，一定會說：這不就是在說我的「性本善」論嘛！

最後，就像治牙的露露小姐一樣，陷入深度催眠狀態的人可以完全感覺不到疼痛，所以你可以拿根針扎她一下試試。

有的人說，催眠其實就是睡眠！這種說法並不完全正確，我只想說一點它們明顯的區別：在催眠中，四肢能夠保持僵硬，手裡握著的物體會愈握愈緊；而在睡眠中，四肢的狀態是柔軟的，手裡的物體不久就會鬆開掉下來。

這篇一開頭就說過，《全面啟動》是透過夢對人的潛意識植入了想法，從而在其醒來後影響了他的行為。那麼催眠是否也是透過這種方式影響著被催眠者呢？

我再澄清一個大家對催眠的誤解：催眠並不是將外來的想法「植入」人的潛意識裡，而是透過激發潛意識裡原本就有的資源，從而產生新的想法！就好比潛意識裡有各種各樣的原料，而催眠則是一個大廚，利用這些原料烹調出不同的菜餚（想法）。這些菜餚必須合潛意識的口味才能被接受，轉化成行為。來看以下這個例子：

在一所大學的兄弟會入會儀式上，一名年輕人被蒙住了雙眼，在一番慷慨激昂的說辭之後，被告知他的頭將會被砍掉。他的頭被按在案板上，脖子被鋒利的刀刃劃過。事實上，這「刀刃」只不過是一條濕毛巾。當人們查看年輕人時，卻發現他已經死於心臟衰竭。他潛意識裡接受了「刀刃是真實的」這一念頭，於是結束了自己的生命。

如果催眠烹調出的菜餚不合潛意識的口味，即催眠製造的想法不被潛意識接受，不符合被催眠者自身的價值觀，這個想法就不起作用！

但是上面的年輕人是怎樣做到「想死就死」的呢？

這可以解釋為：催眠能對人的肌體產生影響。

舉個例子來說，催眠可能會對體液循環系統產生影響。曾有一個催眠師對被催眠者說：「當你清醒後，將在我指到的地方出現紅點。」十分鐘後，被催眠者清醒了，被指到的部位開始出現輕微的紅腫，隨後變得愈來愈紅，持續十～十五分鐘後紅腫才逐漸消失。

同樣地，催眠還可以引起水皰。有一位催眠師在被催眠者左胳膊上蓋了一個戳，然後他暗示說，這個部位會出現水皰。第二天上午八點，這名被催眠者發現被蓋戳的部位皮膚變厚起皺，並且呈黃白色，但是沒有出現明顯的水皰，到了下午四點左右，這個部位有四、五個小水皰出現，十五天過後，這些水皰仍然高度飽脹。

在《全面啟動》中想潛入目標物件的夢境是件比較容易的事，只需要使用造夢機器和一種叫「夢素」的藥物，然後往身上那麼一插就可以了。

但對催眠而言，想讓目標物件進入催眠狀態就不是那麼簡單了，可以說這是個實實在在的專業技術，這也是我接下來要說的。

三、潛行者七步驟

（一）備戰

在《全面啟動》裡主角們對目標對象「富二代」做了一番背景調查，找到了突破點——他與父親之間的心結，據此製造夢境的陷阱。而在催眠開始前也必須「知己知彼」。

首先，不是任何人都可以被催眠！人類應該算是地球上最複雜的生物，人與人千差萬別，每一個人都是獨特的，有的人非常容易被催眠，而有的人就是不買帳。以下是容易被催眠的人的特徵，你符合了幾項？

1. 經常做情節生動的白日夢。
2. 想像力豐富。
3. 容易沉浸於眼前，或者想像中的場景。
4. 依賴性強，經常尋求他人的指點。
5. 對催眠作用深信不疑。

頭腦愈聰明或受過良好教育的人，通常愈容易被催眠，因為他們大多有強烈的好奇心和探索欲，並富有創造力。人們對催眠一直都存在著誤解，認為在催眠的過程中催眠師主宰著一切。

一百多年前，很多催眠師認為恐嚇可以達到催眠的目的。催眠師邀請人上臺，就在這個人一隻腳剛踏上臺的時候，催眠師忽然伸出手托住他的後脖子。在觀眾看來，催眠師只不過是扶了他一下而已，卻造成他的困惑。在這個人反應過來之前，催眠師用另一隻手猛拍他的下巴，讓他的頭突然受到震顫，整個人呆住。然後催眠師在一旁用強硬的語氣發令：「睡！你現在就要入睡！」這個人陷入了催眠狀態。

這種「強迫」的催眠之所以能成功，是因為催眠師幸運地遇到了很容易被催眠的人。但催眠是「信則有，不信則無」，只要目標對象不相信或不願意，再怎麼「拍」也是白搭。每個人都是獨特的，每個人的心理也是獨特的，並且瞬息萬變，催眠不可能千篇一律。只有將催眠目標的「底細」打探清楚，才能控制好催眠的局面，應對突發情況。而需要瞭解的包括家庭狀況、年齡、婚姻狀況、教育背景、職業、社交圈等。舉個例子來說，一位男性經常辭職，可以預料他可能在催眠稍有進展的時候突然退出。

接下來，必須瞭解被催眠者為何而來？他們想靠催眠改變什麼？

催眠作為一種心理治療技術，秉承了「不念過往，不畏將來」的理念，瞭解被催眠者的目的時，鼓勵他「想要得到什麼」，而不是「想要失去什麼」。比如以下：

1. 我想抹掉心裡總是響起的我媽媽的聲音。
2. 我想驅走我的一切懷疑。
3. 我想完全忘掉過去。

可以換一種表達方式：

1. 我想改善跟媽媽的關係。
2. 我想變得更有自信。
3. 我想變得對未來充滿希望。

（二）進攻

催眠的準備工作結束，下面要正式著手「潛入行動」！這行動的過程一方面要搞定潛意識，一方面還要躲避意識。先來說說怎樣搞定潛意識吧！先向大家介紹——注意。

注意分為「不隨意注意」、「隨意注意」和「隨意後注意」。

1. 不隨意注意

沒有目的也不需要意志努力的注意。比如，我們正在教室聚精會神地聽講，突然從教室外闖進一個人，這時大家不約而同地把視線轉向他，不由自主地注意。

2. 隨意注意

有目的同時也需要意志努力去注意。比如，在學習中遇到困難，或者學習環境出現干擾，我們透過意志努力使注意力堅持在要學習的東西上。

3. 隨意後注意

有目的卻不需要意志努力去注意。比如，剛開始學文言文時，我們只是為了完成學習任務，

（圖 10-2）

這時候的注意是隨意注意。當你掌握了文言文並產生興趣，憑興趣可以自然而然將注意力集中到學習上，就是「隨意後注意」了。

催眠就是讓「隨意注意」發揮到極致！好比平日裡我們的注意力是平躺在地面上的整個身體，注意範圍廣，注意力分散；而被催眠時，身體僅以一隻腳的腳尖著地，注意範圍小，注意力極度凝縮。如何才能讓注意力如此集中呢？下面有幾種辦法：

（三）眨眼大法（圖10-2）

在這裡把被催眠者叫作C，現在讓她用最舒服的姿勢坐在椅子上，然後與催眠師對視，C凝視著催眠師的雙眼，而催眠師則盯住C兩眼中間的地方。催眠師告訴C會開始緩慢地數數，每數一個數字，要C眨一次眼。比如，催眠師數「一、二、三、四」，C每聽到一個數字就眨一下眼，總共眨了四次。無論是睜眼還是閉眼，C都要一直把視線聚焦在催眠師的眼睛。

催眠師開始有節奏地緩慢數數，發現愈往下數，C眼睛睜開的時間就愈短，最後她根本不會再睜開眼睛，只有睫毛上下抖動。許多人數到二十左右就進入催眠狀態，需要數到一百的情況非常罕見。當發現C的眼睛已不再睜開時，催眠師停止數數，用相同的節奏低聲暗示道：「睡吧、睡吧，睏了，睡吧。你已經睡著了。睡得很熟。睡吧，睏了，睡吧。」

（四）錶盤大法（下頁圖10-3）

讓被催眠者D把錶盤平端在面前，正面朝著自己，注意力集中在刻度「1」上，深吸一口氣，大聲說出「睡覺」兩個字，然後吐氣，快吐盡的時候再大聲說出「熟睡」兩個字。說完之後，讓D把注意力集中在刻度「2」上，深吸兩口氣，說兩次「睡覺」，再吐兩口氣，說兩次「熟睡」。之後再把注意力轉移到刻度「3」上，深吸三口氣，說三次「睡覺」，吐三口氣，說三次「熟睡」。以此類推，把注意力集中在每個刻度上，直到「12」，形成「吸氣——自我暗示——吐氣——自我暗示」的循環。為了不出錯，D在過程中全神貫注。大多數人在注意力挪到錶盤中間時就闔上眼睛入睡，極少有人能堅持到「6」以後。

當D的注意力都集中在錶盤刻度上時，催眠師湊到他耳邊輕聲暗示道：「當你的眼睛緊盯

（圖 10-3）

著刻度時，當你的視線沿著錶盤逐漸移動，當你深深吸氣和吐氣，當你反覆說出睡覺和熟睡時，你不知不覺地陷入深度催眠狀態。你的視線愈來愈模糊，愈來愈看不清數字。你的眼睛太疲勞，幾乎睜不開。你已經很累，巴不得快點結束。所以閉上眼睛吧，讓錶盤從你手裡掉落，而你則陷入深深的睡眠。睡吧，進入催眠狀態吧。」

即使搞定了潛意識，催眠也不一定能成功，因為可能遇到意識的阻截。就像《全面啟動》中，進入夢裡的人會產生防禦者，對這層夢的造夢人進行攻擊。

現在來說「潛入行動」的另一個要領——躲避意識。

做過夢的人都知道，夢的內容光怪陸離、沒有邏輯、難以理解，但瞭解夢的人也知道，意識看不懂的夢是潛意識的語言。

潛意識善於用隱喻和偽裝手法來表達。所以我們明白：潛意識比意識更容易理解隱喻的表達，因為那就是它的「母語」！

我們可以說一種只有潛意識聽得懂而意識聽不懂的「語言」，巧妙地繞過意識又對潛意識產生影響。將想傳達的指令「嵌在」大的語言情境中，蒙混過關，這就是所謂的「嵌入暗示」。來看下面的例子：

一位癌症垂死的病人E，病情到了末期，疼痛難忍，再大劑量的麻醉劑都沒有效果。E的親人想嘗試用催眠控制疼痛的可能性，但E的意識太「凶猛」，他光聽到「催眠」這個詞都表現出強烈反感，催眠師不得不想其他的方法對E進行催眠。催眠師以E畢生的職業——花匠——作為談話的主題來吸引他，同時在談話中嵌入很多催眠和控制疼痛的暗示。下面是催眠師談話的一段摘錄，我用粗體表示嵌入暗示的內容。

E，我很樂意跟你談話。我知道你是個花匠，種花為生，我小時候在鄉間的農場長大，我也喜歡種花，到現在都還在種。我們現在都坐在安樂椅上，我希望你可以**舒服地聽我說話**。說點兒什麼好呢？還是說些跟種植相關的吧，因為這個你在行，**也是你最想聽的**。

就來說說番茄好了，我一直對種番茄感到很好奇。你把番茄種子撒到地裡，你會希望它可以長成一株番茄，用果實**帶來滿足**。種子會吸收水分，而雨水能**帶來安寧和舒適**，還會帶來番茄的生長。E，那小小的種子慢慢長大，伸出有纖毛的小小的根，**幫助種子生長、發芽而長出地面。**

E，你可以聽我說，我會一直說下去，你可以一直傾聽、思考，慢慢地你將進入一個新的領域……

這種做法非常有效，嵌入暗示成功地「騙」過了意識，讓它沒有察覺。E逐漸進入催眠狀態，不再為劇痛所苦，三個月後，他平靜地死去。

搞定了潛意識，躲避了意識，這還沒完。我們已經知道催眠不會像造夢一樣，一層崩塌以後才能返回上一層，在催眠中，被催眠者可以自由地在幾層空間之間來回轉換。所以，這也是考驗催眠師的地方，催眠師需要有很好的洞察力，並在催眠的過程中時刻保持警惕，一旦發現被催眠者有逃往清醒或者其他層空間的跡象，就立刻再次「施咒」，將他們重新催眠回原位。

（五）占領

當被催眠者已經成功地進入了催眠狀態後，我們該做什麼？怎麼做？

如果在「備戰」階段功課做得足，現在是可以達成被催眠者心願，滿足被催眠者意圖的時候了。

看這個例子（圖10-4）：

↓

病情加重

↓

需要注射胰島素、檢查血糖

↓

思考 → 注射胰島素太痛苦
檢查血糖太麻煩
和別的年輕人不一樣，有被隔離感

↓

對未來感到沮喪、絕望

↓

不想去醫院

（圖 10-4）

↓

病情緩解

↓

需要注射胰島素、檢查血糖

↓

思考 → 注射胰島素會讓自己舒服
堅持做到定期檢查血糖水準會有成就感
天將降大任於斯人也，必先苦其心志，勞其筋骨

↓

對未來懷有希望

↓

積極治療

（圖 10-5）

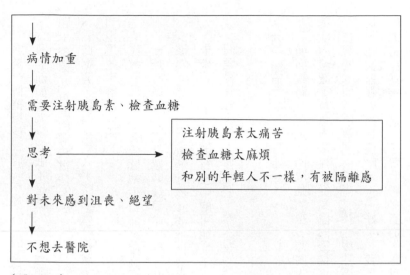

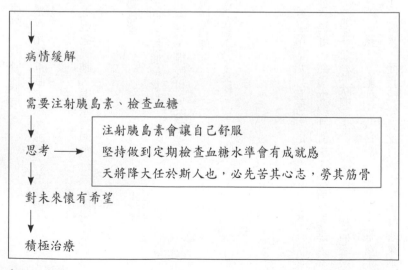

這是一個罹患糖尿病的年輕人，因為抗拒治療陷入的惡性循環。

我們前面說過，催眠不是植入外來念頭，而是利用被催眠者潛意識原有的資源，模式：問題＋資源＝可能的解決辦法。

據瞭解，這個年輕人平時喜歡打籃球，對飛機很感興趣，渴望當個飛行員。所以我們可以利用這些來解決問題：

注射胰島素＋有快感地投籃＝舒服地注射胰島素

檢查血糖＋有成就感地計算命中率＝堅持定期監控血糖水準

被隔離感＋幻想做飛行員＝像飛機飛離地面一樣，擺脫世俗的看法

未來感＋下一秒就有投中的可能＝未來有無限可能

問題得到解決後，糖尿病年輕人的惡性循環現在變成了良性的（圖10-5）。

（六）撤退

前面說過，在《全面啟動》裡，想將人從夢裡喚醒，可以靠強烈的墜落感。電影一開始有這樣的鏡頭：主角坐著椅子從高處向後倒下，跌入浴缸，然後從夢裡醒來，這幾乎和進入夢境一樣容易。而喚醒被催眠者也一樣，用什麼方法讓他進入催眠狀態，就「原路返回」讓他醒來。比如在被催眠者的耳邊暗示：「好了，我馬上就開始數……記住，我每數一個數字，你會朝清醒的方向邁進一層……等我數到五時，你就會徹底醒來，而且感覺無比良好！準備好醒來吧，

一、二、三……」

但如果無法喚醒被催眠者怎麼辦？會不會像《全面啟動》裡那樣，被催眠者進入Limbo（混沌狀態），在裡面迷失了幾十年？這不用擔心，一旦無法被喚醒，被催眠者就會轉而進入睡眠狀態，之後會自然醒來，就像每天早晨自然睡醒一樣。

（七）善後

在《全面啟動》裡，主角為了讓妻子從夢裡甦醒，回到現實生活，在妻子的夢裡植入了「此時在夢中」的想法。但回到現實生活以後，「此時在夢中」的想法依然存在，導致妻子分不清現實和夢境，認為自己仍然在夢裡，而回到真實世界的辦法是在夢裡殺死自己，於是，她便在現實中跳樓自殺了……

這也是催眠的危險之一：被催眠者醒來後會把催眠中產生的幻覺當真，區分不了真實世界和想像世界。比如有的人在催眠中參加了一場舞會，醒來後他仍四處向人說自己在舞會上遇到什麼人，玩得如何……

催眠師得在催眠結束前「擦掉」不必要的暗示痕跡，就像手術過後要清點器械，不能落在病人肚子裡。催眠師可以對被催眠者暗示：「讓你興奮起來的東西已經消失，完全消失。這只是一場夢，你只是錯誤地把它當真了。現在請安靜下來，忘掉它們。」

催眠另一個危險是催眠師沒把自己的催眠方式「壟斷」，被催眠者受到任何跟催眠師暗示

（圖 10-6）

相似的刺激就會進入催眠狀態。而且經歷催眠的次數愈多就愈容易被催眠，說不定無意中盯著某樣東西看久了就陷入催眠。避免危險的辦法是催眠師在催眠中反覆暗示被催眠者：「沒有得到你的同意之前，沒有人能夠催眠你。你永遠不會進入違背自己意志的狀態。當你清醒時，沒有任何人能夠暗示你做任何事。你不必擔心出現像催眠一樣的錯覺，你有足夠的能力阻止它們！」

催眠就說這麼多了，各位，你們準備好了嗎？一起進入催眠吧，倒數五……四……三……二……（圖10-6）

附錄

自我測試——樹木人格分析

現在請大家拿出一張A4紙，然後再拿出一支2B鉛筆，在紙上畫一棵樹，想怎麼畫就怎麼畫。好了，給大家看看我畫的樹（圖11-1）：

（圖 11-1）

一、畫一棵樹，讓你無所遁形

還是必須從佛洛伊德的三個「我」說起。大家都知道本我是「本能的我」，它蠻不講理，肆意而為，口頭禪是：「我現在就要它！」超我是「道德的我」，講究規範又極其嚴厲，它的座右銘是：「你永遠都不能要它！」可憐的自我夾在中間，既考慮平衡本我的衝動，又要努力達到超我的標準，還要面對這「紛繁複雜」的外部現實世界。

我們設想一下，一位年輕的女士正在速食店排隊點餐，她排在隊伍裡，前面站著一位男士。這位男士付帳時，突然掉出一百塊錢，這一幕正巧被她看到，看著近在咫尺的一百塊，此刻，她人格的三個「我」分別開動。

本我說：「撿起來，趕快跑！有必要的話，還可以把那人推到一邊去！」

超我說：「不許撿！」

自我不僅要面對本我和超我的要求，還要面對現實情境，她琢磨著：「那個人看到自己掉了一百塊錢嗎？其他顧客看見了嗎？我可以在不被人看見的情況下用腳踩住它嗎？我是否應該撿起來還給那個人，也許他會給我一些酬謝。要不我還是……」

在這種三個「我」亂成一團的情況下，這位女士將體驗到焦慮。焦慮是不愉快的狀態，也是神奇的感受，它像危險信號使我們心跳加速、手心出汗、呼吸不順等，是預警危險的外在表現。被焦慮纏身的人總覺得只差一步就會掉進深淵，常常「惶惶不可終日」。焦慮大體上可分為三種：

1. 真實焦慮——恐懼

這種焦慮多發生在我們受到真實的外在威脅時。比如，對大多數人而言，當我們抄近路走進小巷子，遇到一個拿著刀、長相凶狠、看起來極具攻擊性的男性時，就會產生這種真實的焦慮，即恐懼。

這種焦慮是自我受到外在因素威脅而產生的，與本我和超我無關，而且不屬於「內部矛盾」。除了這種焦慮，其他兩種焦慮都是因為「窩裡反」。

2. 神經焦慮——情難自禁

當本我與自我「鬧不合」時，便會引起神經焦慮。

主要問題出在本我不羈的欲望太過狂野，自我難以「降服」。舉個例子，當一位女士被某人吸引時，關於對方一點性幻想也能讓她胸口小鹿亂撞。再舉一個例子，一位男士過分擔心在公共場所脫口說出違背世俗倫理的想法，比如「我想跟好友的火辣女友上床」，這也是神經焦慮的表現。

3. 道德焦慮——不要辜負自己

苦情的自我像公司的中層，有時候處理不好和下屬（本我）的關係，還經常得罪高層（超我）。由於沒有達到某個「特定的」標準（即使這個標準是不可能完成的），因此長期羞愧和內疚，他所體驗的就是道德焦慮。就像一個飲食混亂的女人可能會跑上三千公尺，只因為多吃了一塊巧克力。那些總是瞧不起自己和內疚羞愧的人往往更容易遭到道德焦慮的侵襲，而罪魁禍首是過於強大的超我。這個超我神聖不可侵犯，它總是不斷提醒人們：「不要辜負那些期望！」

不管焦慮分多少種，一旦出現了，身體就不能置之不理，因為人有「趨利避害」的本能。所以「防禦機制」出現：一是保護自我，二是減緩焦慮，透過控制自我來擺平「起義」的本我和「癲狂」的超我。為此，防禦機制創造出一系列獨門絕技：投射壓抑、否認、替代、合理化、反向作用、昇華……我們說明「投射」如何解決人們的焦慮。

「投射」顧名思義有「扔出去」和「發洩」的意思，指把最苦惱和最厭惡的品質和特點強加到別人身上，這樣我們就可以憎惡別人而不是憎惡自己，可以詆毀那些「扔給」別人的東西，卻對自己身上的這些毛病隻字不提。

如此說來，投射頗「無賴」的，他人不幸成了我們「洩憤」的靶子，儘管我們自己也擁有這些令人討厭的特點，但是總不能跟自己作對吧？投射將對自己的嫌惡變成對他人的厭惡，一下子什麼焦慮都沒了，人生好輕鬆啊！

於是，小偷經常擔心別人偷他的東西，信不過其他人；蕩婦不肯承認自己的欲望，但堅信她認識的所有男人眼裡只有性；愛出軌的男人反而更容易懷疑自己妻子的忠誠度；一個人如果經常侮辱別人，喊別人蠢貨，很可能說明他對自己的智力沒有多少信心。

現代心理學又研究出與「投射」類似的心理效應——錯誤一致性效應。

人們總是認為別人和自己相似。外向的人認為其他人也是外向的，有良知的人認為其他人也是有良知的。這種效應在解決焦慮時非常有效，比如，如果只有一個人信用卡逾期不繳款，這意味著他是唯一一個缺乏道德的人，他的心理壓力將驟增；但假如他認為還有很多人也逾期不繳款，他就覺得自己不是「一個人戰鬥」，情況沒那麼糟糕，負罪感猛降，心理平衡不少。這便是在焦慮面前對自己很好的開脫和保護。

投射也好，錯誤一致性效應也罷，又或者整個防禦機制，都是潛意識層面的。現在應該很好理解投射理論如何讓「樹木人格分析」產生作用了。請大家看下頁圖11-2，這是瑞士精神病學家羅夏(Hermann Rorschach)的墨跡圖。你從這幅圖中看出了什麼？請以第一反應為準，快速回答！

具有敵意和攻擊性的人在墨跡圖上看見的可能是牙齒、爪子或血跡，口腔期沒得到滿足的人，可能看到食物或有人在吃東西……就像兒童玩描述浮雲，一個孩子看到海上的一艘船，另一個看見一頭獅子，還有一個看見臉。當然，雲中沒有真實的圖畫，而這些「所見」均來自孩

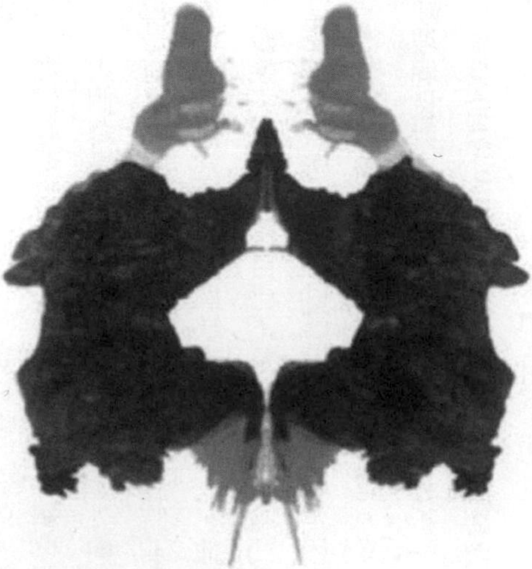

（圖 11-2）

子的內心。

投射理論可以幫助人們把自己的人格投射出來（到畫裡），讓深藏不露的潛意識「意識化」。

為什麼要用樹來探索人們神奇的潛意識世界，而不是畫貓貓狗狗呢？在解釋這個問題之前，先為大家介紹精神分析治療中經常出現，而且享有盛名的現象——阻抗。

我們知道「長痛不如短痛」的道理，而且知道逃避痛苦不是解決問題的辦法，只有直面迎擊才能戰勝它，但是說來容易做到難。為了不觸碰那些痛苦，人們或者說是人們的自我耗費很多能量來掩蓋痛苦的根源。

當心理治療師透過治療手段去觸碰潛意識，並打算「挖出來」研究一番時，人們就感覺到威脅。於是，曾經用來壓抑痛苦的力量，便轉而攻擊和阻攔心理治療，這就是「阻抗」。有的人會在治療過程中顧左右而言他（有人僅是回憶小學某個同學的名字和其他細節就花掉幾個小時，有人用辦法來誤導心理治療師，還有人對心理治療師產生敵意，破口大罵）。

但是，樹作為一種自然植物，對絕大部分人來說是「中性」的。畫樹時，繪者不容易擔心暴露自我（實際上已經暴露太多了，嘿嘿）和出現阻抗的必要（很難發覺潛意識被侵入），這樣才能更深地揭露潛意識的情感，「一畫為快」。

以下正式開始研究畫的解析。

既然是在紙上畫樹，那麼我們關心的只有兩點：一是紙，一是樹。紙相當於繪者所處的環境，而樹相當於他們自身。只有對紙、樹以及紙跟樹的關係進行徹底瞭解後，才能完整地對畫面進行解析。先來看看人們所處的「環境」——紙。

二、你的樹在畫紙上的什麼位置？

精神領域： 心 知性 想像力 自我開發 認識
情緒領域： 被意識到的反應 社會的被接納的態度 否定的態度 原始的反應 被隱藏的情感
本能領域： 性 幼年期的附帶條件 被壓抑的經驗 個人無意識 集體無意識

（圖11-3）

和樹木向上生長一致，畫紙也由下至上分為三個區域（圖11-3）：本能領域、情緒領域和精神領域。這也跟樹木可分成樹根、樹幹、樹冠三部分有異曲同工之處。

這種劃分讓我想起一種說法：愛分為幾層境界，第一層是性欲之愛，第二層是情感之愛，第三層是精神之愛，而最高級的是靈魂之愛（靈魂的東西不在這裡討論）。

再來看看橫向的。現在

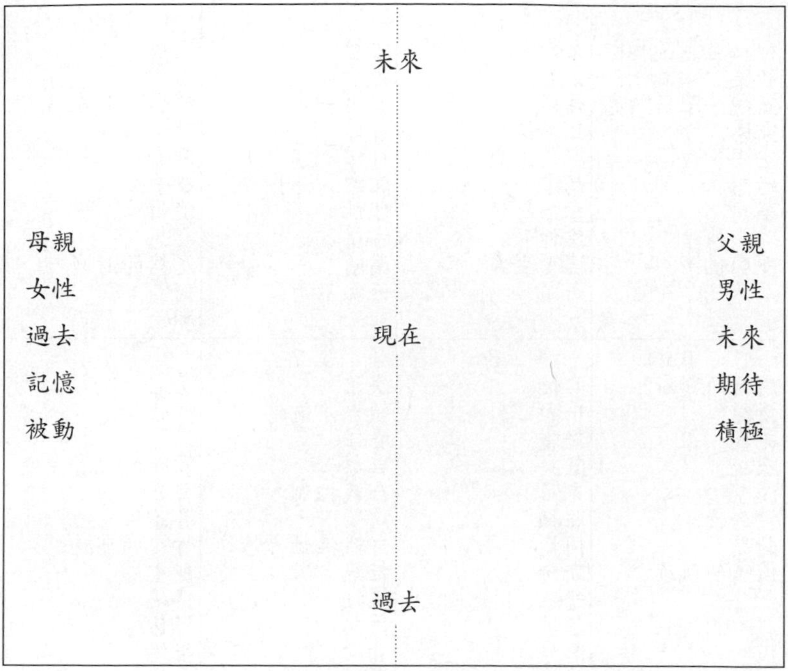

（圖 11-4）

把這張紙左右對折，則可以看到，如上圖11-4：

人們常說「男左女右」，但在這裡是反過來的。我們認為，畫紙的左側代表母親、女性、過去（意味著記憶）和人們被動的一面，而畫紙的右側代表著父親、男性、未來（意味著期待）和人們積極的一面。

把這兩張紙交疊在一起，會出現「壯觀」的一幕——我們對畫紙的區域進行了更為詳細的劃分，見下頁圖11-5：

有些人不解在某些區域的詞義竟然相互矛盾，比如在區域6中，既有「喜悅」又有

9 神祕主義、藝術 音樂 直觀、深思熟慮 靈感 空想、憧憬 幻想 夢想 殉教情結 女同性戀	10 文學 宗教 神話 狂熱性 理想主義 想像 意識態度 信仰 博愛主義 奇蹟	11 才智 哲學 歷史 努力 目標 注意 理性 希望 業績 一絲不苟	12 完成 思考 科學、數學 計畫 名聲 競爭 詭辯 妄想 足夠的財力 獨立 實驗
5 感情的判斷 情緒 記憶 默認 渴望 被動性 封閉 感情的執著	6 喜悅 平和 保護 獻身 充足 照顧 同情 斷念 悲哀 怨恨 恥辱 後悔 羨慕	7 決意 領導才能 責任 自尊心 自我控制 虛榮 自我犧牲 拒絕 抵抗 憤怒 貪欲 煩惱 憎惡	8 意志 經驗 工作 實際的現實主義 常識 具體性 肯定的期待 穩重 傳統 模仿 拒絕 憂慮
1 依存 對安全的欲求 睡眠 退化 停滯於口唇期 子宮 前意識 開始的原型 原始性	2 無意識欲求 無意識記憶 母性的本能 再生的本能 女性的原型 神的崇拜 太母 鬼神 祕法	3 無意識力量衝動 催眠狀態 自我本能 生殖器期的性本能 普遍的男性原型 陰莖崇拜 犧牲崇拜 超越的性	4 不活潑 否定主義 自愛 恐怖、混亂 潛在的發展 停滯於肛門期 觀念 死 地獄 復仇女神 黃泉之路 回歸

(圖 11-5)

「悲哀」，如果我在這個區域畫了很多複雜的樹枝，我該理解成代表喜悅還是悲哀呢？

「樹木人格分析」的主要難點出現了：在分析中出現的任何資訊、符號，解釋都不是單一和固定不變的，要具體情況來具體分析。

就拿上圖中最左上角的區域9來說。有一個人在區域9畫了很多樹枝，這是白日夢式的空想和逃避性的指示；但對另一個人來說，這些樹枝可能代表空靈澄澈的心靈意識和超自然的感悟能力；而對其他人來說，這種畫法可能跟音樂和藝術能力有關。如果你原本就知道繪圖者是音樂家，或者是有音樂天賦的人，那你應該知道選擇哪種意思比較恰當。

但是，如果對繪圖者一無所知怎麼辦？對於樹木人格分析來說，又一個關鍵出現了！「畫的解析」的程式：整體→紙→樹→綜合。

當你拿到一幅畫時，先「感受」這幅畫的整體，抓住基調，這幅畫給了你什麼感覺？是悲傷還是喜悅？是消沉還是積極？是委靡還是亢奮？如果畫面整體給你感覺能量較弱，比較混亂，那麼可以認定區域9強調的是被動的幻想和對現實的逃避；如果畫面表現出能量平衡，樹木各部分都成熟、完整，則區域9表現的是繪圖者的深思熟慮和對自我能力的認可。

如何才能拿捏準畫面的基調？這不是一朝一夕的事。首先，需要有大量「實戰」經驗。其次，分析者本身得具有「靈性」，對心理學研究者來說，天賦和勤奮一樣重要。

為了更瞭解上面提到的不同區域的意義，我們舉實例來分析。

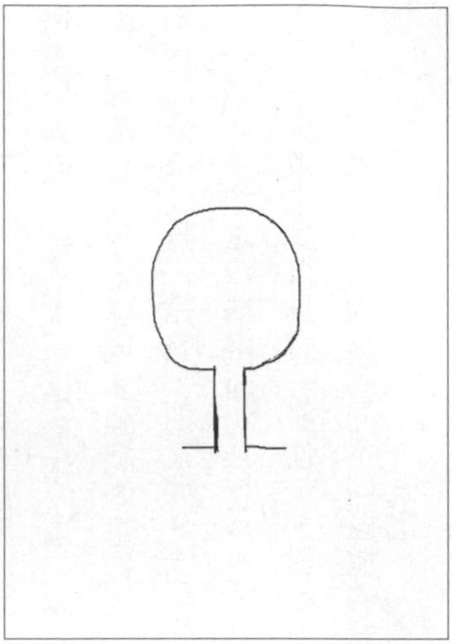

（圖 11-6）

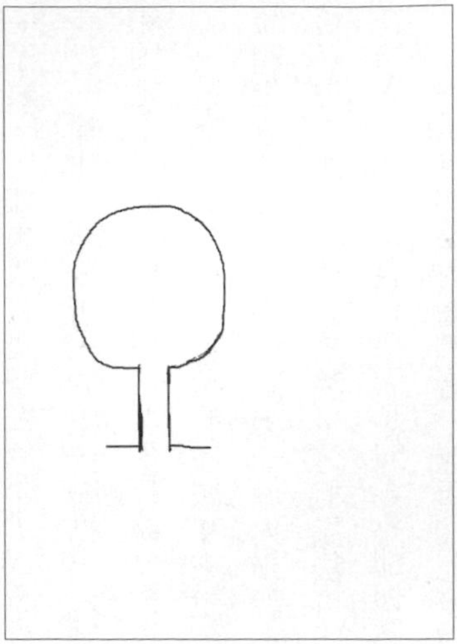

（圖 11-7）

（一）樹在畫紙中央型

（圖11-6）這樣的繪者對男性和女性的影響都能夠接受，而且程度也差不多；和男性、女性都能建立良好的人際關係並能平衡。

這種人的家庭狀況通常是比較健康正常的，沒有過多地受到父母哪一方的影響。他們有著良好的過去，並對未來抱著期待。同時對性的反應健康，精神發展良好。

（二）樹在畫紙左側型

（圖11-7）如果把樹畫在這個位置，就可以明確地認為，這個繪者是在強勢母親的影響下成長的，情緒明顯不均衡。這個人很難維持良好的夫妻關係，因為對於配偶的選擇會過度考慮母親的意

（圖11-8）

（圖11-9）

見，而尋找的配偶也是像母親那樣能駕馭自己、能讓自己服從的。

（三）樹在畫紙右側型

（圖11-8）這個位置表示受父親或者其他男性影響較多，認可男性並模仿他們，這也許和繪者幼年時缺乏母愛相關。無論出於何種原因，這樣的畫明顯表現出繪者對母親的抗拒和憤恨。

這種人結婚時，男性往往希望能找到溫柔賢慧並完全順從自己的對象，即使繪者是女性，這種位置一般也表示出對女性的輕蔑。

（四）樹在畫紙上方型

（圖11-9）這個人完全不扎根於現實，覺得現實的所有事物都無聊，而在自我

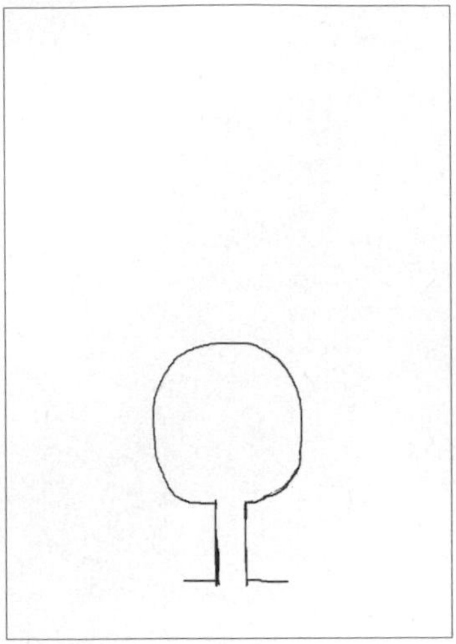

（圖 11-10）

誇張、自我膨脹的空想世界中卻十分自信。繪者這種「自信」在現實中有跡可尋，比如他的確是個才智突出的人，我們可以把這種情況看成是富有創造性的表現。

（五）樹在畫紙下方型

（圖11-10）把樹畫在這個位置的人通常對自己、對周圍環境有不適應的感覺。這個人的想像世界被刻意縮小。他沒有強大的精神「督導」，因此沒有恆定的信念和宏觀的想法，很多行動都是一時興起。有的時候僅侷限於實際，容易被眼前的瑣事束縛。

上下左右型都說完了，該來點兒組合型的東西了：左上、右上、左下、右下。

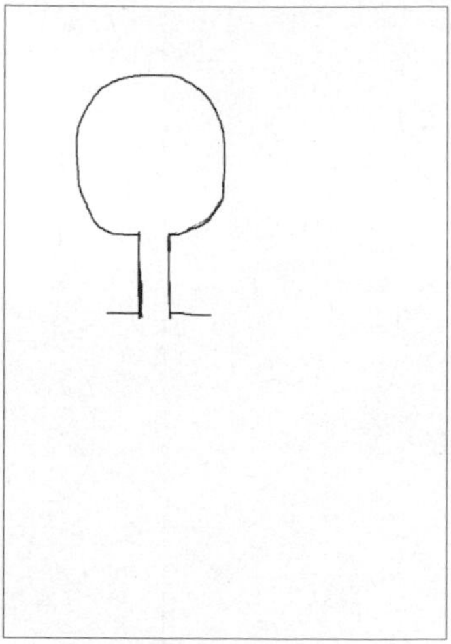

（圖 11-11）

（圖 11-12）

（六）樹在畫紙的左上方型

（圖11-11）這種畫法也表明繪者受母親的影響比較多，母親扮演著支配的角色。但在這種情況下，繪者試圖擺脫母親支配。如果在現實生活中是具有才能的人，說明繪者具有一定潛力，可能在美術、音樂等藝術方面獲得成功；如若不然，則說明他抱有在藝術上獲得巨大成功的空想，實際上被動的逃避現實生活。

（七）樹在畫紙右上方型

（圖11-12）這種畫法顯示父親對繪者的影響比較多，達到支配的地位，繪者輕蔑所有女性事物，把自身能量都用在達到個人成就和獨立發展上，因而對女性世界缺少關注。無論男性還是女性，這種畫法顯示出繪者傾向從事商業、政治、

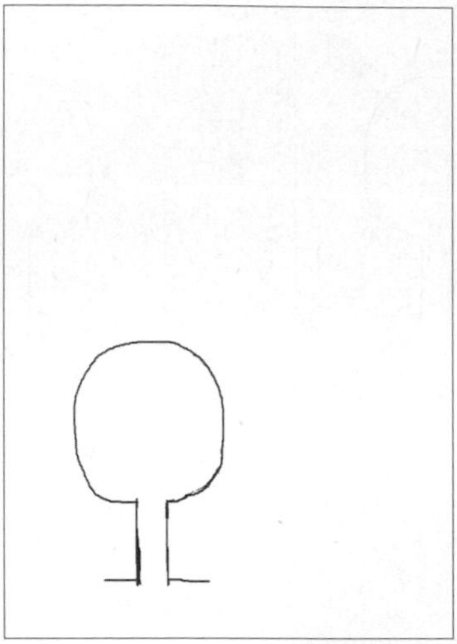

（圖 11-13）

科學等理性的知識型職業，並懷有巨大野心。如果對成功的空想被強烈自我衝動所支持，就能成為人生前進的主要動力。曾有兩位繪者畫出了這樣位置的樹，一個是獨身的物理學教授，另一位則是學術型的僧侶。

（八）樹在畫紙左下方型

（圖11-13）把樹畫在這個位置的人很少。這是典型憂鬱和低調的象徵，明顯和過度支配的強勢母親相關。這種不安全感只有得到母親或替代者的肯定和鼓勵才能改善。他們常常對未來感到恐懼，無法振作向前，渴望留在過去。

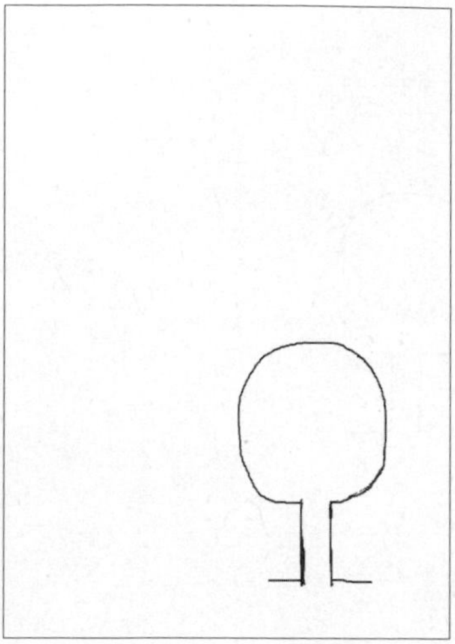

（圖 11-14）

（九）樹在畫紙右下方型

（圖11-14）繪者將父親視為英雄，並過度尊崇。畫反映出繪者想要變得與父親一樣的欲望，但這個人也感到可能達不到這個目標。畫出這種樹的人保守傳統，對新興或者爭議的事物全盤否定，只著眼於當前的具體事情。由於害怕失敗，他們通常逃避考慮未來。大多數情況下，這種人在父親死後才能自我肯定，特別是和父親從事同一工作的人更是如此。

一個繪者，父親去世前一直活在他的陰影下，但在父親逝世後繼承父親的事業，發揮不錯的管理才能，變得自信。

絕大部分的人在豎著的紙上畫樹，只有極少數的人將畫紙橫過來。

把畫紙橫過來，說明繪者對目前的環境不滿。他們「自命不凡」，想像著

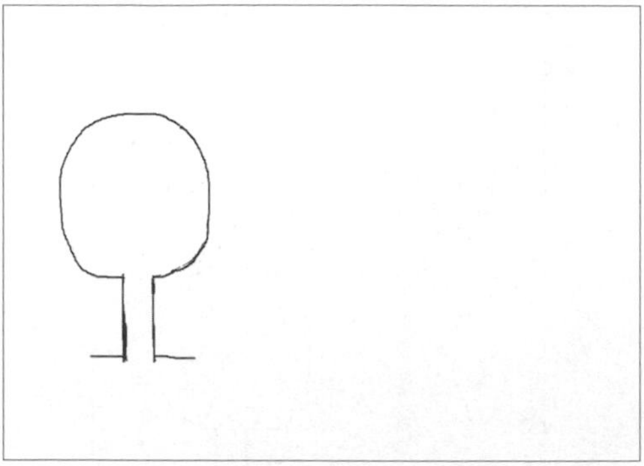

（圖 11-15）

「周圍應該提供我更好的環境，因為我這麼有價值，沒有理由改變自己，應該是周圍的環境來適應我」。繪者通常具有利己主義思想，並缺乏可塑性。另外，如果是年輕繪者，可能有逃離現實、躲進幻想世界的傾向。

（十）樹在畫紙左側型（橫版）

（圖11-15）和豎著放的畫紙一樣，這種畫法表現出母親的強烈支配，繪者幾乎和他們的父親或者代替者沒有任何接觸。他們大多認為自己很優越，一般不和異性建立太多關係，所以和豎著畫的繪者不同，他們不尋求像母親一樣支配自己的配偶。

這樣的人在成長的過程中顯然得到母親過度的「協助」，對別人要求比較

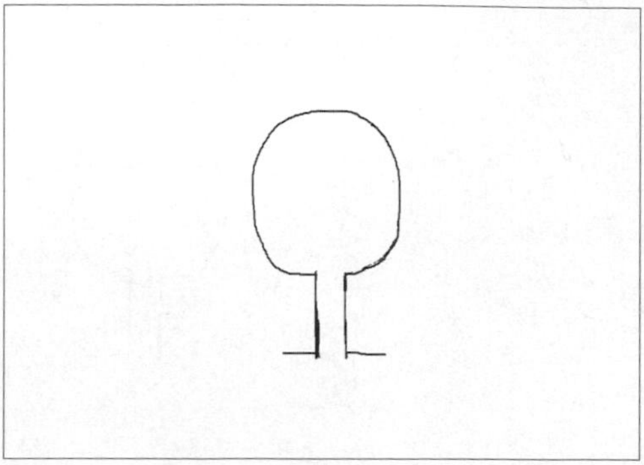

（圖 11-16）

多。即使偶爾能做到謙讓或者幫助他人，也是為了他人感激或回報。

（十一）樹在畫紙中央型（橫版）

（圖11-16）這樣的繪者從父母受到的影響幾乎相同，多數是被溺愛的獨生子或者受寵的排行老么的孩子。

他們為了自己而努力，卻總是期待得到大於自己付出的回報。與他人的交往態度傲慢。但只要自己能在和他人的交往中維持某種優越感，人際關係通常能得到延續。

（圖 11-17）

（十二）樹在畫紙右側型（橫版）

（圖11-17）除了表示受到父親強烈影響外，還有一層特別意義，這種人心中相信：「父親是個非常好的人，但是自己比父親還要好。」他們特別重視自己的成就。

如果是男性的話，他希望女性崇拜自己；如果是女性的話，則期待有人不斷追求和征服自己。他們雖然有很強的競爭意識與企圖，但缺乏實現這種野心和地位的努力。

與以上「中規中矩」的畫法不同，有些人在畫樹的時候很「衝動」，所以畫出的樹的位置比較另類，來看看下面幾種情況。

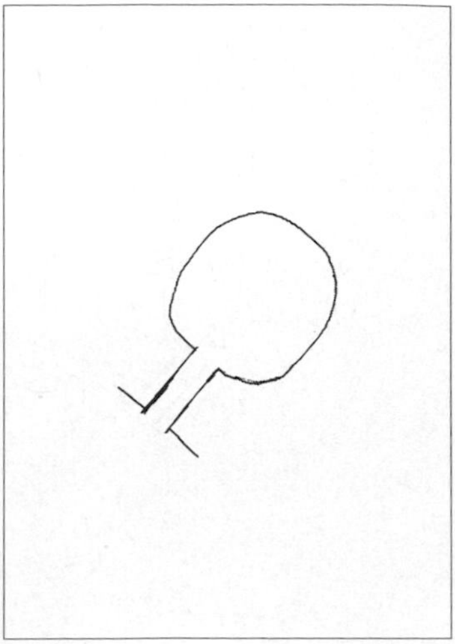

（圖 11-18）

（十三）樹從左向右傾斜型

（圖11-18）只要不是樹木傾斜得太明顯，都可以把它們看作正常的情況。上面這種畫法表示繪畫者在兒童時期受到母親影響，但隨著年齡的增長和人格的成熟，慢慢接受男性的權威。他們尊敬並模仿父親或者其他男性，但也不會絕對拒絕女性事物。

但是如果樹木傾斜得非常嚴重，則說明繪者可能迴避和輕蔑女性。如果繪畫者是男性，他們對於女性的活動、思想和心理等既憐憫又藐視。他們認為女性進化的程度沒有男性高，沒有什麼價值可言，有的甚至只把女性看作玩樂的對象，認為女性本質是妓女或僕人。畫出極端的從左向右傾斜的樹木的男繪者，往往有同性戀傾向，或者把持獨身主義。

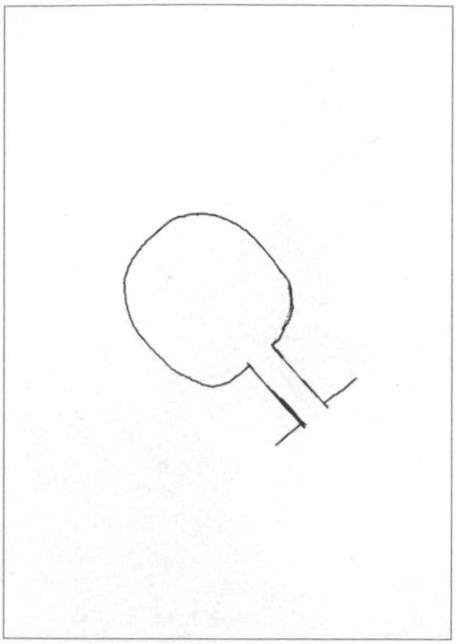

（圖 11-19）

（十四）樹從右向左傾斜型

（圖11-19）如果傾斜得不是太厲害的話，對女性繪畫者而言，表現出了她們接受女性、更女性化，和女性朋友交往很快樂；對男性繪畫者而言，說明他們是一群「文藝男青年」，跟其他男人比起來更感性，對藝術、音樂和神祕主義更感興趣。

如果傾斜特別嚴重，樹木從根部就開始傾斜，則表示繪者可能在童年時被父親拋棄，或者有很不負責任的父親。在潛意識裡，他們拒絕所有男性的影響。如果繪畫者是女性，她們對男性不抱任何希望和幻想。雖然有時因欲望得不到滿足而痛苦，但她們還是對男性不信任，渴望完全沉浸在女性的世界。這樣的女性即使結婚了，有了孩子，無論公開還

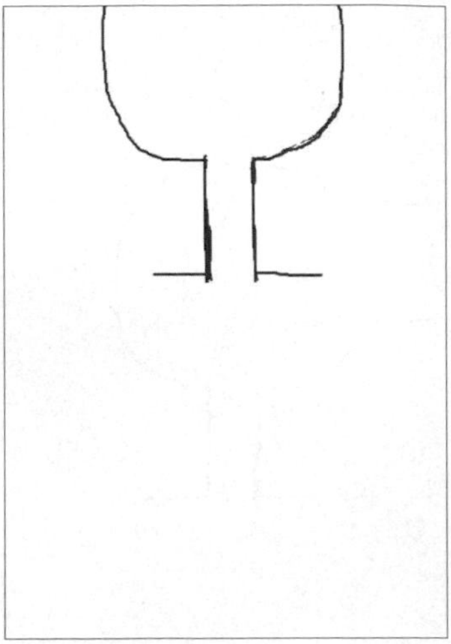

（圖 11-20）

是祕密的，都可能有明顯的同性戀傾向（幾乎沒有男性會畫出極端的從右向左傾斜的樹）。

（十五）樹冠溢出畫紙上端型

（圖11-20）這種畫法通常出自年輕人或者心態年輕的人之手。他們精力旺盛，對未來抱有期望，表現出樂觀主義、希望，信賴自己潛在的能力。這種自信與其說是「不識時務」的自大，還不如說是天真爛漫。繪者覺得自己可以征服世界，並熱情地追求自己的目標，有時會沉浸在自己的「獨樂樂」之中，沒顧及周圍人的感受，執著地將自己的樂天主義渲染開來。

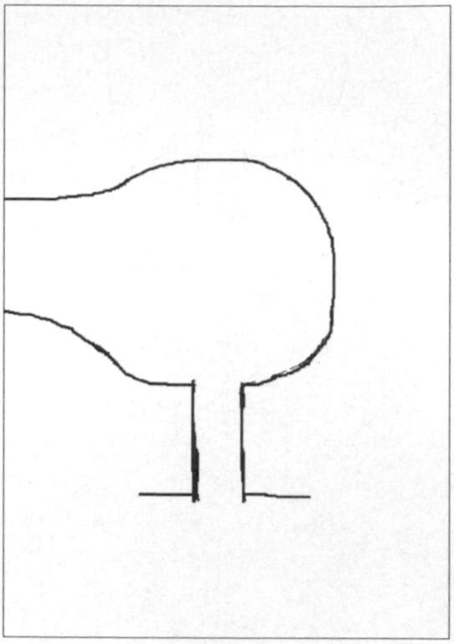

（圖 11-21）

（十六）樹冠溢出畫紙左側型

（圖11-21）繪者無論在感性還是理性方面，都容易受到女性影響。他們對音樂、藝術等方面特別感興趣。只要是權威的意見，無論來自男女，全部都接受。

如果繪畫者是男性，那麼他會不斷陷入戀愛中，把精力都投入感情，太容易被女性魅力吸引，容易動情，缺乏理性；如果繪者是女性，她會熱衷參加提升內在涵養和外在形象的活動。但如果畫的其他部分表現不出真正的能力，她可能「金玉其外，敗絮其中」。比如有的女人熱衷參加女性組織，認為可以受到文化薰陶，事實上卻是庸俗而無聊的人。

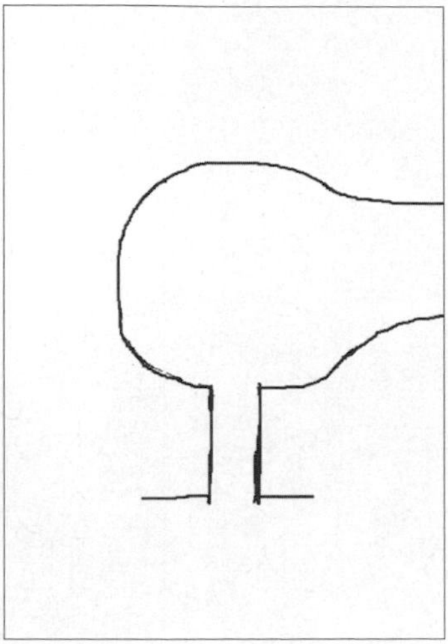

（圖 11-22）

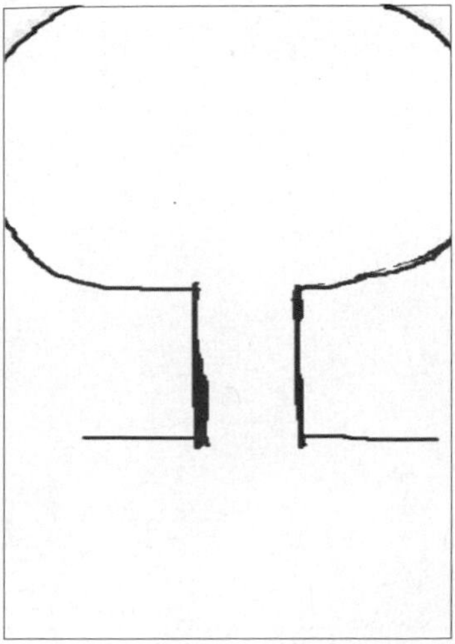

（圖 11-23）

（十七）樹冠溢出畫紙右側型

（圖11-22）畫出這種樹的人特別容易受到男性影響，太相信權威。而且他們多數沒有主見，人云亦云，只要是權威的說法，不管真假，全盤接受。從這一點來說，他們不是理性的人。

（十八）樹冠三個方向全部溢出型

（圖11-23）繪者有病態的自我中心，或者間歇性發作的暴躁狀態。這種人活在自己的幻想中，想像的成功可以代替現實的成功。他們容易受到影響，拍他們的馬屁特別有用，因此非常容易受騙，判斷不清是非真假。無論在行動還是思考上，都過分誇大自己。

如果繪畫者處在青少年期，那麼對他們的評價可以適當緩和一些。因為我

（圖 11-24）

們都知道，青春期本來就是「狂暴」而自我的，容易上當受騙，沉溺於空想。

在實際生活中是高智商的人，這種畫法則表明他們具有豐富想像力和活躍的思維。

畫出這種畫的人大多情感豐富溫暖，就是人們常說的「真性情」。他們具有很深的同情心，容易與他人產生強烈共鳴，「路見不平，拔刀相助」是他們的風格，但同時也有一部分人恃才傲物。

現在我想單從位置的層面來分析我的畫（圖11-24）。

大家可能發現我畫的樹相對常規小了許多。一般來說，與畫紙相比，畫得非常小的樹表示以下幾種意義：感覺自己不重要；世界太大，自己太小，有種被壓迫的感覺；對自己以及自己的成績極端不滿足；孤獨感。但是很多畫小樹的人又表現得非常自信，讓人覺得難以理解，所以要綜合整幅畫的其他因素來看。

畫表現出回歸子宮的欲望。由於對現實不適應而變得被動、不想應對，憂鬱的狀況也惡化，出現被害妄想。只有來自強大母親，或者母親般的支持才能緩解；只要稍微有害怕失去保護的恐懼，不安全感就會急劇增加，呈現持續的病態狀態。

畫這幅畫的時候，我是處於嚴重的經前症候群和睡眠問題困擾，社交狀態接近「與世隔絕」。如此說來，憂鬱是有的，孤獨也真實存在。

我擔心很多事情，焦慮程度很高，所以想回歸子宮，尋求保護和安寧，這是種隱藏和逃避。我曾不只一次接受不了現實壓力，想找到一處地方躲起來。

三、樹冠、樹幹、樹根

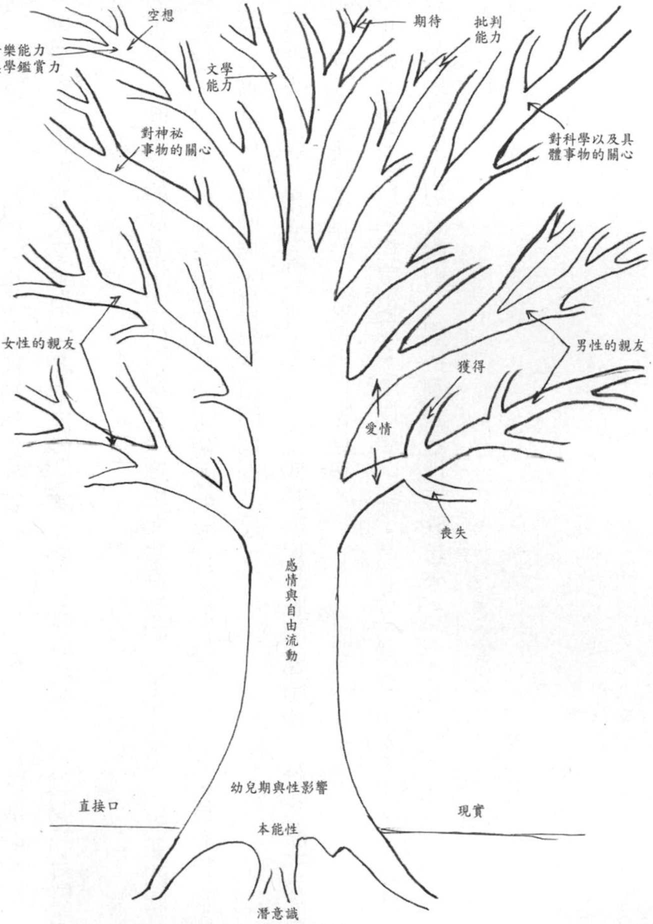

（圖 11-25）

相對於位置而言，樹的情況就要複雜得多了，代表著繪畫者本身，一萬個人就會有一萬種樹的畫法。樹分樹冠、樹幹和樹根三部分，這和畫紙分為精神領域、情緒領域和本能領域是相對應的。見圖11-25便知。

由於樹冠在三者中能夠反映出的資訊最多，我們先從樹冠說起。樹冠擅長表現繪者的人際關係，同時也能看出繪者的精神和智力發展到什麼程度，對什麼感興趣，想達到什麼樣的目標，得到什麼樣的滿足等。

尤其是樹冠中的樹枝。我們都知道樹枝負責將養分傳遞到需要的地方。那麼畫中樹枝的作用象徵能量的流動，表示繪者與他人互動的情況。

上方的樹枝表示了思想的流動、思考方式、特殊才能、創造力的表現等，下方的樹枝表示繪畫者生活中的經歷、人際關係、人生態度等。其中，在樹冠的右下部分有兩個以「感情」命名的較大樹枝。這表示一般情況下，無論繪畫者是男是女，和異性的情感經驗都記錄在樹木的右側，包括過往和最近的情感、現在的婚姻、生活計畫等。向下發展的小樹枝代表著「喪失」，指失去與失敗；向上發展的小樹枝則代表著「獲得」，指得到與成功。

如果分析的物件沒畫樹枝怎麼辦？那就像我上面畫的樹一樣，正好省事，不用分析那麼多！但是樹枝能夠透露的資訊很多，如果你真想好好瞭解這個人，我建議你再給他一張紙，鼓勵他畫一棵有樹枝的樹。

現實中的樹幹是樹根和樹冠之間的橋梁。畫中的樹幹也象徵了這一點，它透過情感的流動

（圖 11-26）

連接了人的本能領域和精神領域。

而樹根代表了人的本能和無意識。

下面來看看樹冠、樹幹和樹根三者之間的關係。

最理想的情況就是樹冠、樹幹和樹根三個部分相互協調，沒有某個部分被特別強調。比如上圖11-26。

但是這裡要考慮樹的種類，如果某種樹就是一部分長得特別突出，那就不能認為繪者想突出樹的哪一部分。而對於大多數人來說，就算沒有畫出樹根，只要樹幹和樹冠表現得協調平衡，就不能說他們特地強調了樹幹和樹冠。

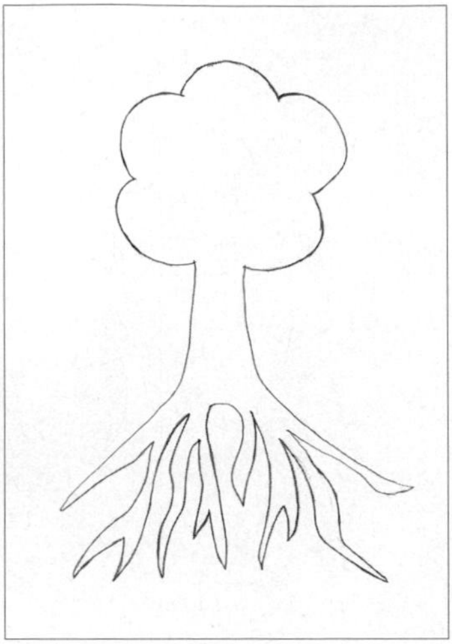

（圖 11-27）

（圖 11-28）

有的樹特地強調樹根部分（圖11-27）。

畫出這種樹的人，如果畫中透露的其他訊息是正向的，基本上還是比較健康的，只是比較關注自我和性的問題，或者只看眼前瑣碎的小事，沒有「大局觀」。如果畫中露出的其他資訊也是負面的，這個人的本我就過於強大，自我和超我很難控制它。他們的生活中受到本能性衝動的支配（尤其是歪曲的、倒錯的性衝動），常常會無理取鬧。

過度強調根部，他們的感情通常比較膚淺和淡漠，理性的思維能力也被「軟禁」，對自己的未來常常感到有心無力。

有的樹特地強調樹幹部分（圖11-28）。

大家都見過幼稚園小朋友的畫，在六、七歲以前的兒童畫中，幾乎都過分

（圖11-29）

強調了樹幹。樹幹代表了情緒領域，孩子還小，他們的性能力和精神領域還沒有發展成熟，他們很「情緒化」，所以才畫出這樣的樹。

但是，如果一個成年人把樹畫成這樣，我們就不難理解該繪者的情緒不成熟，欠缺自我控制能力，容易被情緒左右。如果是男性，會粗魯、蠻橫和性情急躁；如果是女性，則容易對微不足道的小事感到興奮，經常大驚小怪，充滿孩子氣，不善控制自己。

有的樹特地強調樹冠部分（圖11-29）。這種樹通常表現了繪者對自己的關心，常常高估自己的精神力量。這種人的情緒表達被分析和理性的思維替代，一般情況下不會「意氣用事」。

因為樹的樣子實在太複雜了，長短、大小、粗細、方向，甚至具體到樹上的每個特殊記號、陰影、線條的畫法，都是可以講究的。我以我畫的樹為例子，圍繞著它的特點做一些介紹，讓大家管中窺豹。

根據我畫的樹，發現它是下面幾個元素的組合（圖11-30）：

（圖 11-30）

先來看元素A，毋庸置疑，我畫的樹冠像個蘑菇。這種蘑菇形的樹冠給人的感覺是繪者想將自己從外部世界中包圍起來，表現出了強烈的收斂傾向。他們通常有敏感的自尊心和羞恥心。儘管某件事是靠自己的真實能力辦到的，也常常關注自己不足的地方，因此他們需要很多支援和稱讚（我原來是這麼「謙虛」的一個人啊）。

再來看元素B，描畫樹冠茂密程度。用與樹幹平行的線條填充樹冠。這是輕微憂鬱傾向的標誌。這種畫法表示自己擁有自信的同時，又有意識地採取某些巧妙的方法使自己的內心衝動不外露（低調，還是太低調了）。

最後看元素C，我沒有畫出樹根，但畫出了地平線。未畫出樹根，並且地平線將樹幹根部完全封閉，可以推測繪者有著複雜的內在驅動力。感覺到安定，對自身能量的控制具有自信的人才會畫出這樣的畫。

四、綜合分析

講完樹的位置，又講完了形貌，現在要做的就是把它們放在一起，從綜合的層面來做分析（圖11-31）。

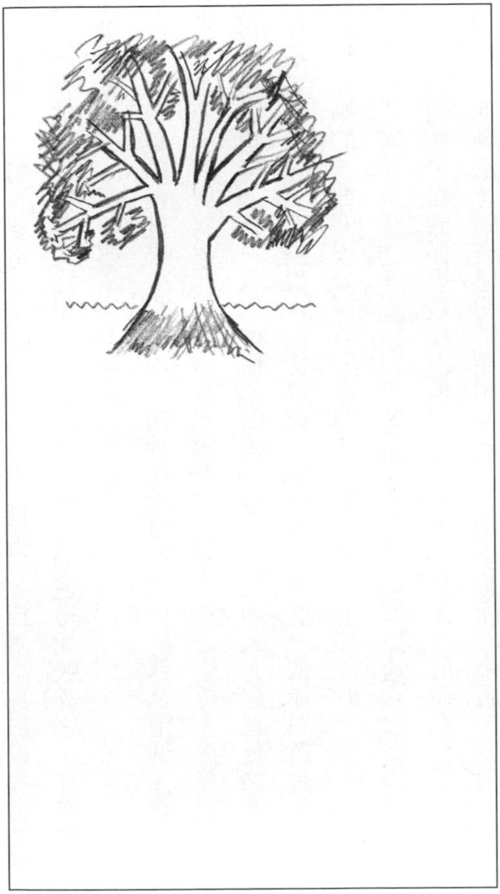

（圖 11-31）

這幅畫的樹只占據畫紙的左上部分，留下大片空白。樹木本身畫得很協調，枝繁葉茂。與大部分畫不一樣的是，這個人突出了樹根部分，而且描畫得比較詳細。從整體上我們看不出這幅畫有什麼混亂之處，富有能量，平衡健康。

接著我們從畫紙的角度來分析。左上角的樹木位置可以解釋為這個人有意開發自己的精神世界，創造藝術方面的成就，在這個位置上來看，這個人完全忽略了情緒領域和本能領域。

然後再從樹的角度分析。我們從樹木的畫法發現，這個人充分察覺到自己的情緒和本能，因為他特地描畫了樹根，而且樹木結構協調，說明他的本能、情緒與精神領域三者之間，心理能量的流動是通暢的，他的內心沒有太大的痛苦與衝突。

最後，將紙與樹結合在一起，我們可以發現繪者是一個自我控制力特別強的人。前文說過，樹代表了繪者的內在，樹的描畫體現出他的情緒和本能認識，而樹在紙上的位置代表了繪者所處的外在環境，他刻意忽略自己的情緒和本能。這兩個層面的矛盾，說明他不允許自己的情緒和本能與現實環境的角色相抵觸。在現實生活中，他可以成功抑制住自己的欲望，不為之所控，不表露在外，能做到這一點的，不是強大的自我控制力是什麼？

再來看個稍微複雜的例子（圖11-32）。

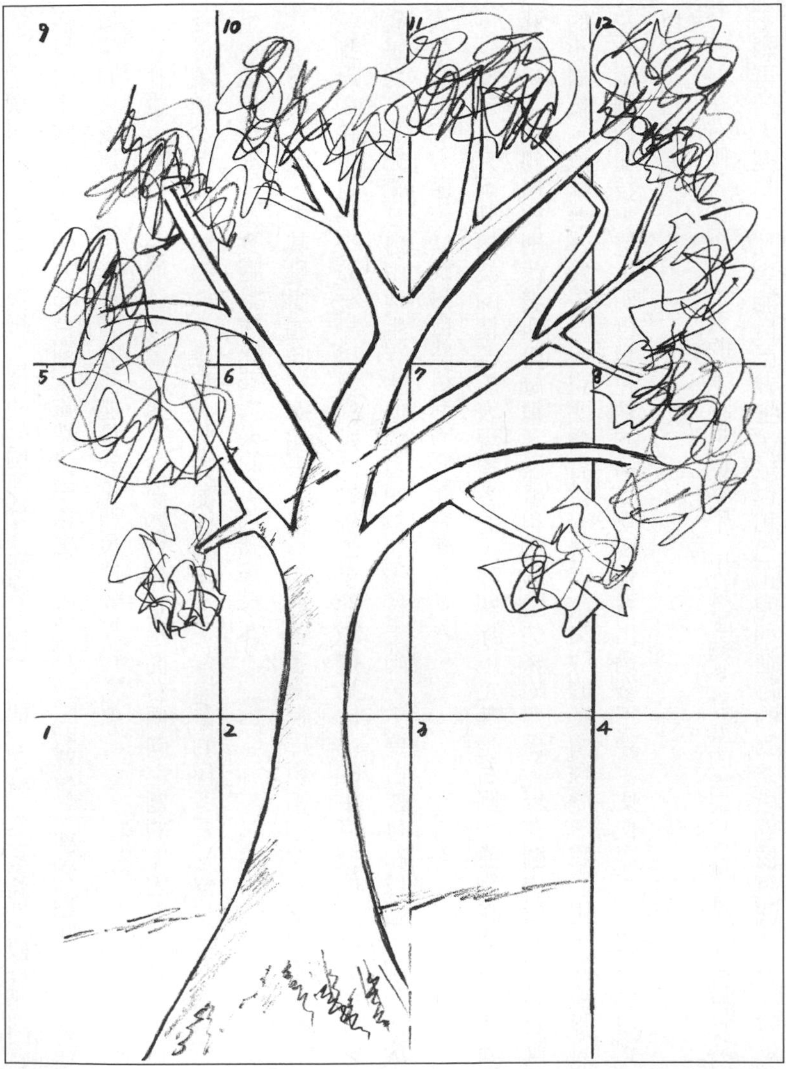

(圖 11-32)

這棵樹占據了整張畫紙，樹的三個部分（樹根、樹幹、樹冠）都充分表現。樹身微向右傾斜，樹枝的走向和葉子的分布合理。雖然畫中透出一股「較勁」的感覺，部分細節也「似有隱情」，但整體來說這幅畫還是和諧的，能量的流通也比較順暢。

在紙上標出各區域以後會發現，這棵樹實際上是從右偏向左側的。因此，該繪者在生活中受母親和女性的影響較多，母親過度支配他的生活。這幅畫的作者是一位二十六歲的男性研究生，他和姐姐以及雙胞胎妹妹被喪夫的母親撫養長大。

樹的整體，尤其是樹冠向右邊偏去，這說明繪者想擺脫母親和女性的支配和束縛（他確實受到母親和姐姐的干涉），以及對她們的依賴。他想提高自己的生存技能，讓自己在社會上有競爭力，能夠獨立自由地生存。他向右傾斜的樹枝走向，主要占據11和12區，說明他擁有挑戰人生的進取心態，以及對自然科學的濃厚興趣。

樹冠下方兩側樹枝的情況能表現繪者的人際關係，尤其是右側，能夠說明繪者與異性的情感經驗；左側樹枝則代表他與母親、姐姐和雙胞胎妹妹的關係。現在圖中樹的右側有兩根向下的小樹枝，意味著「喪失」，說明繪者曾有過兩次失敗的感情經歷。我們用一條虛線可以連通左右兩側的樹枝，這說明母親在他的第二次感情做出過多干涉，使他跟女友的關係遭到破壞，以分手告終。

但在右側，從下往上數的第三根樹枝中，出現了向上發展的樹杈。這說明他對自身的肯定，不想再任人擺布，凡事能自己做主。這也和他正順利進行的第三段感情有關。（他說，儘管母親對他的第三段感情仍有微詞，但這次他會堅持自己的想法，不再動搖。）

從樹根我們也可以看出繪者對周圍環境（母親和姐妹對待自己的方式）的抗議，以及從童年開始的對女性影響的反抗。

最後，終於可以完整解析我畫的樹了，把先前每個層面分析出的要點都列在下面：

從整體上看，我的畫的特點是：

1.躲藏；2.尋求保護；3.能量流通不暢，被壓抑；4.刻意強調樹冠。

從紙的層面看，我的畫反映出：

1.逃避；2.憂鬱；3.恐懼；4.尋求保護；5.誇大本能能量。

從樹的層面看，我的畫反映出：

1.尋求保護、敏感；2.憂鬱；3.隱藏自己內部力量；4.蓄勢待發的內部驅動力；5.自信；6.不自信；7.忽略本能能量。

這樣一來，整個答案清晰明瞭：看似壓抑和平靜的畫面下，實則進行著激烈複雜的心理惡鬥。我至少正同時面臨著兩場「戰爭」，一場是自己與外界的交惡，一場是自己與自己的爭鬥。

如何解釋我與外界交惡？我將樹畫在最下面，誇大了本能的力量；而在樹的層面，我誇大了樹冠部分，隱藏和封閉樹根，忽略了本能力量。這種矛盾說明，我在現實生活中遭遇了逆境，內心受到打擊，精神領域不得不暫時臣服於本能領域，甚至渴望躲回母親的子宮，以求自保。

但我顯然不甘心就這樣一蹶不振，樹的畫法「暴露」出我內心慢慢積累和小心壓抑的心理能量。「臣服」只是障眼法，實則以退為進，隨時準備東山再起。

接著解釋我與自我的爭鬥。樹的畫法表現出時而自信、時而不自信。如果不是遭遇外界巨大的逆境，我體內兩種矛盾的力量也許不會爭鬥得如此激烈——它們就是我先天的自卑與後天的自信。也許是因為童年的經歷造成我的自卑情結，而在以後的人格發展中，我又靠後天努力贏得成功，塑造了自信。在平靜的日子裡，自信總是占上風，然而一旦遭遇重大事件，先天自卑便會鑽出來，質問後天的自信。

我要做的是不讓自己迷失，用後天自信擊敗先天自卑。單獨打好其中一場「戰爭」就不是容易的事，何況此時正面臨著內外夾擊。難怪我憂鬱的情緒就像天空中厚重的霧霾，籠罩著我久久不散。如果用一句話來總結我畫中表現出的狀態，那便是「努力擺脫逆境，試圖戰勝自己！」

我的畫解析完了，那麼，你的呢？

Knowledge 系列 005

麻辣心理學

作　　者—姚堯
主　　編—邱憶伶
責任編輯—麥可欣
責任企畫—吳宜臻
封面設計—陳澄竹
董 事 長—趙政岷
總 經 理
總 編 輯—李采洪
出 版 者—時報文化出版企業股份有限公司
一〇八〇三　臺北市和平西路三段二四〇號三樓
發行專線—（〇二）二三〇六六八四二
讀者服務專線—〇八〇〇二三一七〇五・（〇二）二三〇四七一〇三
讀者服務傳真—（〇二）二三〇四六八五八
郵撥—一九三四四七二四時報文化出版公司
信箱—臺北郵政七九～九九信箱
時報悅讀網—http://www.readingtimes.com.tw
讀者服務信箱—newstudy@readingtimes.com.tw
時報出版愛讀者粉絲團—http://www.facebook.com/readingtimes.2
法律顧問—理律法律事務所陳長文律師、李念祖律師
印　　刷—勁達印刷有限公司
初版一刷—二〇一四年十一月十四日
定　　價—新臺幣三六〇元

國家圖書館出版品預行編目資料

麻辣心理學 / 姚堯著 . -- 初版 . -- 臺北市 : 時報文化,
2014.11
面；　公分 . -- (Knowledge 系列 ; 5)
ISBN 978-957-13-6114-7(平裝)

1. 心理學 2. 通俗作品
170　　　103020880

本書經廈門墨客知識產權代理有限公司代理，由中南博集天卷文化傳媒有限公司授權時報文化出版企業股份有限公司出版、發行中文繁體字版。